야생화의 정기와
꽃향기를 드립니다

시간의 바깥

시간의 바깥

모임득 포토 에세이 수필가가 쓴 꽃 이야기

초판1쇄발행 _ 2024년 8월 16일

지은이 _ 모임득

발행인 _ 서정환
발행처 _ 수필과비평사
주소 _ 03132 서울특별시 종로구 삼일대로32길 36
　　　(익선동, 운현신화타워빌딩 305호)
전화 _ (02) 3675-3885, (063) 275-4000, 팩스 _ (063) 274-3131
이메일 _ sina321@hanmail.net / essay321@hanmail.net
출판등록 _ 제300-2013-133호
제작·인쇄 _ 신아출판사
ISBN 979-11-5933-539-6 03810

값 15,000원

저작권자 ⓒ 2024 모임득
이 책의 저작권은 저자에게 있습니다.
서면에 의한 저자의 허락없이 내용의 일부를 인용하거나 발췌하는 것을 금합니다.

* 이 책은 2024년 충청북도, 충북문화재단의 후원을 받아
　예술창작 활동지원사업의 일환으로 발간되었음.

시간의 바깥

모임득 포토 에세이 수필가가 쓴 꽃 이야기

프롤로그

풀꽃
소탈하고 아리짐작하다.
느지막이 이루는 나를 닮았다.
어느 날 보니 바로 내 곁에 있구나.

차례

제1부

꽃, 너에 머물다

모임득 포토 에세이

프롤로그 _ 05

너도바람꽃	너도바람꽃에 홀리다 _ 13
얼레지	바람난 여인 _ 18
개복수초	봄을 불러오는 개복수초 _ 20
동강할미꽃	강원도 동강의 식물 _ 25
뚜껑별꽃	땅 위의 별 _ 28
모데미풀	높은 산속 별이 반짝 _ 33
꽃마리	꽃, 너에 머물다 _ 36
광릉요강꽃	꽃 중의 꽃 _ 41
처녀치마	처녀치마 꽃 피우다 _ 44
가침박달	봄의 향기 _ 49
노루귀	무심천 발원지에서 청노루귀를 만나다 _ 52
함박꽃나무	함박꽃 그녀 _ 57

제2부 시간의 바깥

시계꽃	시간의 바깥	_ 63
금강초롱꽃	시대적 아픔이 서리다	_ 68
세시화	세시화	_ 72
복주머니란	복을 한아름 담다	_ 77
깽깽이풀	깽깽이풀, 깨금발 뛰다	_ 80
큰제비고깔	큰제비고깔	_ 85
담배꽃	담배꽃	_ 88
대청부채	대청부채는 잠꾸러기	_ 94
개망초	개망초	_ 97
금낭화	금빛 비단 주머니를 닮은 꽃	_ 103
능소화	조선의 시간을 느끼다	_ 106
매미꽃	매미꽃	_ 110

차례

제 3 부
병아리풀

병아리풀	병아리풀 _ 115
자주쓴풀	자주쓴풀 _ 120
고마리	고만고만한 고마리 _ 122
피뿌리풀	피뿌리풀 _ 128
둥근잎꿩의비름	둥근잎꿩의비름 _ 130
타래난초	타래난초 피는 여름 _ 136
갈대 그리고 억새	갈대 그리고 억새 _ 140
소경불알	소경불알 _ 148
구절초	구절초 _ 150
꽃며느리밥풀	꽃며느리밥풀 _ 156
모과나무	시월의 뜨락 _ 158
부처꽃	부처님께 바친 꽃 _ 164
코스모스	절정, 피어나다 _ 166

모임득 포토 에세이

제 4부

시간의 바깥

가슴꽃

왕괴불나무 열매	가슴꽃 _ 175
미선나무	둥근 모양 부채를 닮은 열매 _ 180
동백꽃	붉은 그리움, 봄을 깨우다 _ 184
개느삼	개느삼 _ 190
살구나무	큰 나무 _ 192
길마가지나무	향기가 길을 막아 _ 198
파꽃	파꽃 _ 200
홀아비바람꽃	홀아비바람꽃 _ 204
들국화	들국화 _ 208
털중나리	털중나리 _ 212
개불알풀	해토머리 _ 214
뻐꾹나리	독특한 꽃 생김새 _ 219

에필로그 _ 222

제1부

꽃,
너에 머물다

기다림 끝에 만나는 봄꽃은
그래서 더 애틋하다

너도
바람꽃에
홀리다

 계곡에서 차디찬 골바람을 이겨내고 빼꼼 눈인사한다. 얄캉하다. 산속에 숨어서 몰래 피어 있다. 잠시 피어나 찾는 이 있으면 얼굴 보여주고 혹 찾지 못하면 바람이 친구가 되는 너도바람꽃. 별처럼 생겼다. 사랑스러운 모습에 눈물이 나려고 한다. 얼마나 보고 싶었던가. 사진으로만 보던 꽃은 앙증맞도록 작다.

 눈여겨보지 않으면 있는지도 모르고 지나칠 일이다. 절 옆 계곡에서 수줍은 듯 고개 숙이고 있다. 목탁 소리 들으며 긴 겨울 보내다가 있는 힘껏 꽃을 피워 올렸을 테다. 예쁜 꽃을 맞이하려면 낮은 자세로 임하라는 뜻인가. 쪼끄만데다 고개 숙인 꽃을 찍으려면

너도바람꽃

  무릎 꿇기도 하고 땅바닥에 납작 엎드려서 초점을 맞춘다. 자연의 경이로움에 행복감은 최고이다.
  너도바람꽃은 가운데에 둥글게 배치된 노란 꿀샘이 있다. 꽃잎이 나야 할 자리에는 젤리 같은 것이 오종종히 박혀 있다. 너무 작아서 언뜻 보면 암술인지 수술인지 구별이 잘 안 되는데 그게 바로 꿀을 품은 꿀샘이다. 봄이 오기도 전에 활동하는 몇 안 되는 곤충을 불러들일 목적으로 그 작은 생명체는 스스로 꿀을 빚는다.
  키가 작은 너도바람꽃은 큰 나무들이 우거지기 전에 결실해야 종족을 보존할 수 있기에 서둘러 꽃을 피우는 전략을 세웠는지도 모른다. 생각해보면 참 힘든 삶을 살아가고 있다 싶어 더 가련해 보인다.

수줍은 새색시 같은 느낌이 있고 얼굴에 노란 화장을 한 농염한 여인의 모습 같기도 한 꽃이 대견해 보인다.

너도바람꽃은 복수초 다음으로 일찍 피는 꽃으로 겨울과 봄의 계절을 나누는 풀이란 뜻으로 절분초節分草라는 이름도 갖고 있다. 인적 드문 곳에서야 겨우 피는 희귀식물이지만 환경이 허락하는 장소에서는 군락을 이루며 핀다. 따스한 봄 햇살이, 미풍이 꽃을 살살 보듬어주는 것 같다. 바람은 모양도 색깔도 없으니 볼 수가 없다. 만질 수도 없다. 봄이 오고 있다고, 이른 봄의 바람은 이런 모양이라고 말해주고 싶다는 듯이 골짜기마다 바람꽃들이 움트기 시작한다. 하얀 꽃잎이 살포시 숲으로 봄을 불러오고 있는 듯하다.

너도바람꽃 자그마한 몸체를 지탱하는 힘의 원천은 뿌리에 있다. 덩이뿌리를 땅속에 숨겨두고 최대한 둥글게 웅크린 자세로 혹독한 겨울을 지낸다. 숲에 경쟁자가 적을 때 그 뿌리에서 꽃대를 내고 일찍이 꽃을 피우고 서둘러 꿀을 빚는다. 어떤 날에는 눈을 맞으면서도 핀다. 개화한 지 몇 주 내, 모든 전술을 동원하여 곤충

너도바람꽃

을 불러들이고 수정에 성공하고 열매를 맺는다.

  봄이 채 가기도 전에 서둘러 열매를 맺고 씨앗을 퍼뜨린 후 숲에서 자취를 감춘다. 작고 동그란 구근에 다음 해에 싹을 틔우고 꽃 피울 영양분을 저장해 두고서. 구근은 메마른 가뭄과 혹한을 견디어 내면서 수많은 세월을 살아냈을 테다.

  여린 꽃에 눈 맞추며 얘기한다. 요즘 원망하는 앙금이 남아 괴롭다고. "너도 그래?" 조급해하지 말고 여유 있게 기다리라고 꽃이 답할 것 같다.

꽃을 처음 본 이후로 꽃바람이 나 버렸다. 여리여리한 바람꽃, 작은 바람에도 흔들리는 꽃을 보고 싶어서 잠을 이룰 수가 없다. 바람꽃은 종류가 20종이나 된다. 바람꽃의 큰 특징은 꽃잎처럼 보이는 게 모두 꽃받침이다.

너도바람꽃을 시작으로 변산바람꽃, 꿩의바람꽃을 만났다. 이제 만주바람꽃 나도바람꽃 홀아비바람꽃 회리바람꽃 등이 피어난다고 한다. 이래저래 이른 봄부터 여름까지 바람나게 생겼다.

바람난 여인

한껏 치장하고 정열의 미모를 뽐내는 늘씬한 얼레지. 대둔산 자락에 들어서자마자 온통 얼레지 천지다. 연인을 만나 도란도란 이야기 나누고 있는 얌전한 양갓집 규수 같다. 아직 때가 묻지 않은 순수한 모습. 정신없이 찍는데 햇살이 나오면 꽃이 더 핀다고 그때 다시 찍자고 한다.

얼레지 다리를 지나자 온통 야생화 천지이다. 등산객들은 무심히 꽃을 지나친다. 산 위에 올라갔다 내려오니 그사이 꽃들은 치마를 발랑 뒤집고 '아이 부끄러워'하고 있다. 햇살을 받으면 꽃이 더 핀다는 소리는 들었는데 이렇게 야단법석을 떨 줄은 몰랐다.

얼레지

얼레지 씨앗

어쩌다 꽃잎 치마를 훌러덩 올려서 '바람난 여인'이란 꽃말을 가졌을까. 요염한 여인이라도 되는 양 드러내놓고 도도한 자태를 뽐낸다.

얼레지는 기다림의 꽃이다. 땅속에 터를 잡은 씨앗이 첫해에 떡잎 하나만 내밀고 해마다 조금씩 큰 잎을 내밀다가 5년이 되어서야 두 개의 잎을 내밀며 7년 만에 분홍색 꽃을 피운다고 한다.

이곳 얼레지는 잎사귀에 점이 많은 게 특징이다. 잎사귀 2개에 키가 크지 않고 땅에 바짝 키운 꽃이 7년이 되어서야 이 모습이라니. 새삼스럽게 인고의 시간을 견딘 꽃 한 송이 한 송이가 대견스럽다.

제1부 _ 꽃, 너에 머물다

봄을 불러오는
개복수초

　봄을 알리는 개복수초 노란 꽃술을 보며 신났다. 황금빛으로 사람의 마음을 끌어당기는 힘이 있다. 야생화를 볼 때 느끼는 거지만 생명은 참 경이롭다. 노란색 주걱 모양을 한 수많은 수술이 가장자리에 있고 그 중심에는 동그란 암술이 선명한 꽃. 미나리아재비과의 특징 중 하나는 많은 수술과 암술이 꽃의 중심에 모여 있는 것인데 이 꽃도 꽃잎 안이 오밀조밀하다.
　언 땅 녹이고 2월에 핀 꽃. 땅을 흔들어 깨우며 봄을 이고 나온다. 지나가는 사람들 붙들고 저 이쁜 꽃 좀 보라고 자랑하고 싶다. 조밀한 그곳 땅의 숨소리가 들린다.

매서운 겨울바람을 견디기 위해 땅에 납작 엎드려 꽃을 피운다. 언 땅을 뚫고 나오느라 뿌리에 저장된 영양분을 거의 다 소모하였을 테다. 복수초는 햇볕 좋은 날만 꽃을 피우고 저녁이 되면 꽃을 닫는데, 힘을 아껴 곤충이 활동하는 시간에만 꽃을 피워 수정하는 것이다. 햇볕을 좋아하기에 큰 나무 밑에서는 살 수 없으므로 녹

개복수초

음이 우거지기 전에 종자를 맺고 휴면에 들어간다. 씨를 뿌려 꽃을 보기까지는 6년 정도가 걸린다니 여섯 번의 겨울 찬바람을 버텨 내고 핀 꽃이 내 눈앞에 있다.

이 꽃을 보려고 힘들게 왔다. 무슨 일을 하거나 어디에 갈 때 혼자 하는 걸 꺼렸다. 무서움을 많이 타는 것도 있지만 두려웠을까? 자주적이고 주체적인 삶을 살리라, 혼자서도 뭐든 잘하는 내가 되리라, 다짐하지만 생각보다 실행하기 쉽지 않다. 꼭 해내지 않아도 괜찮다고 누군가 이야기를 해 주어도 조바심이 난다.

오늘은 혼자 해 보리라 나선 길이다. 개복수초 꽃이 보고 싶은 마음에 산길을 운전하고 있다. 날씨가 풀려서인지 질척한 길을 바

퀴가 미끄러질 때마다 '엄마'를 불러가며 두려운 마음에 핸들을 꽉 잡는다. 온몸이 경직되고, 겨울인데도 땀이 비 오듯 쏟아졌다.

 발에 밟힐까 조심스럽게 꽃 사진을 찍으니 고 박완서 님의 「꽃 출석부」란 수필이 생각난다. 경기도 구리시 아차산 자락 작가의 집을 아이들과 방문한 적이 있다. 대문 앞부터 마당 가득 꽃과 나무가 많았다. 마당에 놓인 의자에 앉아 작가와 대화를 나누었는데 온화하신 분이었다. 「꽃 출석부」에서는 온갖 꽃과 나무에 말을 거는 즐거움에 푹 빠져 있다고 속삭인다.
 볼품없는 겉모습에 하찮은 잡초처럼 여겼는데 작은 풀꽃의 머리칼 같은 뿌리로 땅속에서 따뜻한 지열을 올려 두터운 눈을 녹이고 핀 복수초에 박수를 보낸다. 또 샛노랗게 빛나는 복수초를 보고 순간 중학생 아들의 교복 단추가 떨어져 있는 줄 알았다고 했다.
 마당으로 나가 '출석'을 부른다. 작가가 작성한 꽃과 나무의 출석부는 100번을 훌쩍 넘긴다. 복수초, 민들레, 제비꽃, 할미꽃, 산수유, 목련, 매화, 영산홍, 살구, 자두, 앵두, 조팝나무…. 작은 생명들과 함께 햇살 받으며 조곤조곤 말씀하셨던 그분의 모습이 선하다.

개복수초

"나는 그것들이 올해도 하나도 결석하지 않고 전원 출석하기를 바라기 때문에 그것들이 뿌리로, 씨로 잠든 땅을 함부로 밟지 못한다."라며 꽃들이 출석할 때마다 가슴을 기쁨으로 뛰놀게 했다고 적고 있다.

박완서 선생님처럼 출석을 부르지는 않아도 올해는 시기별로 철따라 피어나는 야생화를 적어보려고 노트를 샀다. 빼곡하게 적으려면 발품을 많이 팔아야지. 자연의 섭리에 따라, 자기 순서에 따라 조용히 피었다 지는 꽃을 따라가다 보면 올 한 해 기쁨으로 벅차지 않을까.

　복수초福壽草는 복과 장수를 의미하는 꽃이다. 꽃이 황금색 잔처럼 생겼다고 측금잔화側金盞花, 설날에 핀다고 원일초元日草, 눈 속에 핀 연꽃이라 하여 설연화雪蓮花, 얼음 사이에서 피어 '얼음새꽃' 눈을 삭이고 올라와서 '눈색이꽃'이라고도 부른다. 그리스신화에 나오는 아프로디테가 반한 남자, 아도니스라는 예명도 있다.

　살짝 벌어진 꽃을 보면 황금 잔 같다. 아궁이에 지핀 노란색 불꽃 같기도 하다. 내 고향 증평에서 피어난 꽃을 보러 돌아가신 어머니를 소환하며 이곳까지 왔는데, 꽃을 보니 더 생각난다.

　달력은 아직 겨울인데 꽃 시계는 완연한 봄이다. 이제 여기저기 폭죽 터지듯 피어날 봄꽃 소식에 벌써 마음이 설렌다. 다른 식물들이 동면에서 깨어나 자리다툼을 시작하면 개복수꽃은 벌써 저만치 물러가 있다. 일찍 피어나 행복과 부귀와 장수를 가져다준다는 개복수초, 더 많은 행운을 빌어본다.

강원도 동강의 식물

    동강의 봄은 바위틈에 먼저 온다. 동강 물줄기를 따라 깎아지른 절벽에 보라색 동강할미꽃이 자태를 뽐내고 있는 사진을 본후 마음에 몸살이 났다.

    3월 말인데 강원도로 갈수록 골짜기에는 희끗희끗 눈이 보이더니 급기야 눈이 날리기 시작한다. 막 꽃 피운 할미들 추울까 봐 조바심이 났다. 눈 속에서 고요히 흐르는 강을 바라보는데 도착했다고 내리란다. 추운 줄도 모르고 이리저리 찾아 헤매는데 바위 절벽에는 맨 동강고랭이뿐이다. 틈틈이 돌단풍도 보인다. 자세히 보니 동강할미꽃은 솜털로 감싼 채 이제 막 나오는 꼬물이만 보이는

동강할미꽃

데, 물방울이 맺힌 채 얼었다.

　귤암리에서 동강할미꽃 축제를 하는데 이틀 후라서 당연히 꽃을 볼 줄 알았다. 동강할미꽃은 강원도에서만 볼 수 있는 꽃이다. 몇 시간을 달려왔던가. 바위 절벽에서 묵은 잎과 줄기에 솜털을 뒤집어쓴 콩알만 한 꽃망울만 보니 갈증이 더 생겼다.

　일행은 백룡동굴에 가 보기로 하였다. 바윗길을 한 십여 분 걸었을까? 앗! 저기 바위에 동강할미꽃이 피어 있다. 환호성을 지르며 단숨에 바위에 올라가 사진을 찍고 보니 내려올 일이 아득하다. 자칫 발을 헛디디면 다칠 수 있다.

고개 숙인 할미꽃과는 달리 하늘을 향해 꽃망울을 활짝 피웠다. 골짜기엔 아직 잔설이 남아 있는데, 강가 바위 절벽에는 분홍, 보라 꽃이 활짝 피었다.

동강할미꽃은 대부분 누런 묵은 잎으로 둘러싸여 있다. 묵은 잎은 수분을 저장하거나 추위를 막아주는 역할을 한다. 가끔 깨끗한 사진을 위해 묵은 잎을 제거한 꽃을 볼 때면 안타깝다. 풍성하게 늘어져 있는 묵은 잎은 견뎌온 삶의 흔적이다. 바위틈 혹독한 환경 속에서 살아내고 꽃을 피우느라 힘들었을 동강할미꽃. 저렇게 깎아지른 바위틈에서 피고 지고 이어지며 지금까지 왔으리라.

한국 특산식물로 오직 우리나라 동강 일대에 자생하는 동강할미꽃. 그 험한 절벽 바위틈에 핀 꽃을 마주해야 '동강할미꽃'의 기품을 제대로 느낄 수 있다.

바위 언저리에 앉아 청록색으로 유유히 흐르는 동강을 바라보는 동강할미꽃. 봄 햇살에 빛나는 동강처럼 해맑다.

땅
위의
별

 청자색 꽃과 눈 맞춤했다. 작지만 야무진 모습을 찍으려고 바닥에 엎드려 초점을 맞춘다. 왜 이름에 뚜껑이 붙었을까? 열매가 다 익으면 뚜껑 열고 씨앗 퍼뜨리는 걸 큰 특징으로 잡아서 뚜껑별꽃이란다.

 어느 날 처음 보는 꽃인데 청자색이 강렬하게 나를 이끌었다. 검색해 보니 전라남도는 어딘지 찾을 수가 없고 서귀포로 가야 만날 수 있다. 당장 제주도 비행기표를 끊어야 하나 날짜를 헤아려 보다가 이곳저곳 막무가내로 꽃 보고 싶다고 물어보았다. 그러다가 남양주에 사시는 분 하우스에서 봤다는 소식을 접했다. 연락을 거

듭한 결과 이튿날 만나기로 했다.

　운전은 오래했지만 서툴어 두렵다. 서울에 사는 딸 집에도 운전하고 가기가 무섭다는 이유로 한 번도 올라가지 않았는데, 서울보다 더 오래 걸리는 2시간 거리를 당장 운전했다. 딸보다 꽃이 더 좋은가 보다. 야생화를 처음 접했을 때 풀꽃 회원들이 제주도로 여행 가서도 꽃을 본다고 하여 대단한 분들이라 생각했었는데, 이제는 내가 그 단계에 왔나 보다.

　독특한 꽃 색을 따서 '보라별꽃'으로, 밤하늘에 빛나는 별만큼이나 총총하게 핀다고 해서 '별봄맞이꽃'으로도 불리는 작은 식물이

뚜껑별꽃

다. 꽃잎 중앙의 수술과 암술 둘레에는 흰색과 자주색, 진보라색의 띠가 2, 3중으로 둘러쳐져 오묘하다. 노란색 꽃밥과 어우러져 멋진 색의 조화를 보여준다. 게다가 5개의 수술대엔 붉은색 잔털이 수북하게 나 있어 아무리 봐도 질리지 않는 꽃이다.

바닷가 바위 틈새에서 바람에 흔들거리며 사는 애처로운 아이가 아니라 하우스에서 보호받는 꽃을 연락한 지 하루 만에 보게 해 주었다. 추진력이 대단하다고 말하는 내게, 주인장은 오후 3시가 넘어가면 꽃이 닫히는 특성이 있고 흐린 날이나 비 오는 날에도 보기 힘들다고 말한다.

하우스에는 귀한 꽃이 지천이다. 옆 너른 밭에는 야생화가 주인공이고, 고추나 상추 같은 작물이 조연이다. 이 꽃을 보기 위해서 매년 돈을 들여 꽃을 사고 매시간 땀을 쏟고 공을 들인다. 어렸을 적부터 야생화가 좋았다는 주인장. 밭에서 꽃에 물 주는 남편은 풀도 뽑아주고 야생화 만나러 갈 때면 운전도 해 주면서 적극 도와준단다. 팔십 가까운 나이지만 부부가 건강하게 꽃을 가꾸며 사니 보기가 좋다. 인생을 참 잘 사셨다는 생각이 든다.

주인장이 열매 맺힌 꽃을 보여준다. 동그란 열매가 영글면 종자를 퍼뜨리기 위해 가운데가 갈라지면서 뚜껑이 떨어져 나가듯 벌어지고 별 모양의 꽃받침이 도드라지게 드러난다는데 아직은 덜 영글었다. 뚜껑 열리는 모습을 볼 수 있는 기회가 있으면 좋겠다.

주황색 뚜껑별꽃은 수줍은 몽우리까지 있다. 가지런히 돌아나는 다섯 장의 꽃잎은 지름이 1cm 안팎으로 아주 작지만 봐도 또 보고 싶다. 한껏 눈 맞춤하면서 행복을 느낀다. 하우스에 다른 귀한 꽃들도 많지만 내 눈에는 이 꽃만 보인다.

뚜껑별꽃

별꽃, 개별꽃, 쇠별꽃 등 흔히 별꽃이라 부르는 꽃들은 석죽과 식물이다. 그러나 뚜껑별꽃은 별꽃이라는 이름이 붙었지만, 앵초과의 한해살이풀꽃이다.

하늘의 별이 양치기가 보고 싶어서 땅 위에 별꽃으로 피어났다는 전설이 있다. 하늘의 별이나 땅 위의 꽃은 언제나 마주할 수 있기에 귀하게 여기지 않을 수 있다. 하지만 내가 꼭 보고 싶을 때는 나처럼 시간과 돈을 투자해야만 볼 수 있고 꽃 피는 계절이 지나면 다시 일 년을 기다려야 볼 수 있다.

지나고 보면 나와 마주친 인연들이
별 같고 꽃 같은 고운 사람이었음을
깨닫게 되는 경우가 있다.

  꽃말 '추상'처럼 지나간 일을 돌이켜 생각하는 것이 아니라 앞으로는 지금 내 가까이 인연 맺는 분들이 별이고 꽃이라 생각하고 위하면서 살면 되지 않을까.
  눈으로 보고 찍고 마음속에 데리고 왔지만, 바다를 바라보며 바윗가에서 꽃 피운 뚜껑별꽃을 보러 내년 봄에는 제주도 새섬으로 날아가리라. 다섯 꽃잎 안에 빨간색과 흰색 사이로 올라온 노란 수술. 무리 지어 핀 독특하고 사랑스러운 꽃을 꼭 보리라. 그때까지 그리움의 꽃 피우며 살아야지. 땅 위에 피어도 꽃이고, 마음속에 핀 그리움도 꽃일 테니까.

높은 산속
별이 반짝

'하늘이 외로운 날엔

풀도 눈을 뜬다(중략).'

문효치의 시 「모데미풀」이다.

고고하고 청초한 작은 꽃. 밤하늘에 빛나는 별처럼 하늘을 향해 피어 있다. 전 세계에서 우리나라에만 있는 특산 식물이다. 꽃잎은 진한 노란색이며 수술보다 짧다. 지리산 운봉 모데미에서 처음 발견되었다고 해서 모데미풀이라는 이름이 붙여졌다.

귀한 야생화를 보려면 높은 산으로 가야 한다고 생각했는데 이

모데미풀

모 임 득
포 토 에세이
시 간 의 바 깥

곳은 의외였다. 강원도 청태산자연휴양림에서 데크로 만들어진 등산로를 따라 10여 분 걸어 올라가면 만난다. 이곳 계곡의 4월은 하얀 별 모양의 모데미풀이 피어나면서 시작된다. 접근성이 좋아서 사람들로 북적인다. 커다란 카메라를 든 사람들 곁에서 휴대전화로 연신 눌러댔다.

청태산 계곡 바위 위에서 이끼와 어우러진 모습이 예쁘다. 계곡의 물소리는 덤이다. 선녀가 하얀 하늘 옷 벗어두고 계곡에서 목욕하는 듯, 수줍은 여인의 모습이다. 앙증맞게 옹기종기 모인 줄기 끝, 마치 초록 치마처럼 펼쳐진 꽃싸개잎 위로 4월경 별 모양 꽃이 하나씩 피어난다. 꽃이 지면 열매도 별 모양이다. 꿩의바람꽃도 이곳에서는 싱싱하다. 는쟁이냉이, 현호색, 괭이눈, 너도바람꽃, 속새도 혼재한다.

계곡에서 별로 반짝이는 하얀 모데미풀. 서식지가 지켜져서 오래오래 만나볼 수 있기를 바란다.

꽃,
너에
머물다

    기다란 초록빛 잎끝에 달린 작은 꽃. 볼품없는 풀이라 여겼는데 어느 순간 내게 꽃이 되었다.

    이름도 모양새도 청초하고 여린 꽃, 작디작은 꽃으로 그냥 지나쳐서는 볼 수 없는 꽃, 꽃마리다. 관심과 애정 어린 눈으로 무릎 꿇고 살펴야만 깨알 같은 꽃을 볼 수 있다. 너무 작은 풀꽃이라 작은 바람에도 살랑살랑 흔들려 확대 사진 찍기가 힘들다.

    흔들리는 꽃에 집중하다 보면 인내심이 필요하다. 꽃의 중심부를 들여다보기 위해 호흡을 가다듬고 바람결에 흔들리는 꽃에 집중한다. 고도의 긴장을 유지해야 한다. 생각해보면 내 내면을 보기 위해 이렇게 호흡을 가다듬고 집중해 본 적이 있었던가 싶다.

꽃마리

　야생화는 귀엽고 빛나고 예쁘다. 늘 우리 산야에 함께했던 토종 식물이다. 산과 들 지천으로 피고 지는 풀꽃들을 보면 바람의 숨결이 느껴지면서 그 아름다움에 매번 놀라게 된다. 야생화에 관심 갖기 전에는 진달래나 개나리가 피어나는 3월이 개화 시기였다. 그러나 지금은 2월이 개화 시기이고 땅에서 얕게 깔린 야생화 보는 재미에 빠져 있다.

　애써서 가꾼 꽃이 아니라 우리나라 땅 기운을 받아 우리 땅에서 소담스러운 일생을 꽃 피운다. 야생화라고 해서 꽃이 저절로 피지는 않는다. 추운 겨울을 견디고 온갖 고난을 극복하고 핀다.

　한 무더기 꽃마리, 군락을 이루면 그나마 존재감이 드러난다. 사진을 찍어 놓으면 귀엽고 앙증스럽다. 꽃 사진을 보여주고 길가 아무 곳에나 핀 실물을 보여주면 놀란다. 흔해서 존재조차 미미

꽃마리

한 꽃인데 이 꽃이 이렇게 예쁜 꽃이었느냐고 한다. 야생화에 관심 갖기 전에는 나도 그랬다. 야생화가 아름다운 걸, 지금처럼 사무치게 알지 못했다.

꽃마리의 뿌리잎은 지면에 따라 규칙적으로 펼치고 줄기잎은 잎자루가 없이 짧게 나 있는 것을 볼 수 있는데 이것은 모든 잎이 공평하게 햇빛을 누릴 수 있도록 공간 배치를 한 것이다. 식물에게도 햇빛은 중요하다. 생존을 위해서도 빛에 대해 민감하다. 작은 식물이라도 나름대로 개발한 생존 전략이 대단하다.

작디작은 꽃을 보노라면 이루어질 수 없는 사랑에 실낱같은 끝을 붙들고 있는 가녀린 여인 같다. 아직 벙글어지지 않은 분홍빛 꽃망울 윗부분은 시계태엽처럼 쪼르르 말려 있다. 아래부터 하늘색 꽃이 피기 시작하면서 태엽 풀리듯 꽃차례 끝이 또르르 말려 피는 모습에서 이름이 꽃마리다.

손톱보다 작은 꽃이지만 갖출 것은 다 갖추었다. 아직 꽃이 피지 않은 꽃봉오리는 연분홍색으로, 막 피어난 꽃은 꽃 중앙에 정 5각형의 작은 구멍이 있고 노란색 띠로 둘러싸여 있다.

꽃잎 안쪽에 노란 테두리 같은 유인 색소가 있는데 수분이 끝나면 유인 색소의 색깔이 옅어진다. 꽃가루받이가 끝났으니 헛수고할 일을 덜어주는 매개 곤충에 보내는 메시지인 셈이다.

야생화는 화려한 꽃들과는 달리 볼수록 빠져드는 매력이 있다. 산길에서 만난 꽃 한 송이가 마음을 녹여 위로를 건넨다. 여리여리하고 우아한 꽃들. 군락지를 발견하였을 때의 황홀감. 귀중한 보물을 만나다 보면 어느덧 위로받고 있는 나를 발견한다.

개불알풀, 괭이눈, 개별꽃, 누운주름잎, 참닻꽃, 애기나리, 개구리자리, 벼룩나물, 봄맞이…. 봄 파종하기 전의 논밭 둑에 지천으로 널려 있으나 꽃 크기가 너무 작아서 누가 꽃으로 봐 주지도 않는 그야말로 민초라 불리는 들꽃. 우리 눈에는 아주 작은 꽃이다. 앙증맞은 작은 꽃이 보여주는 세계는 눈에 띄는 화려한 꽃들 못지않게 매력덩어리다. 소탈하고 아리잠직하다.

　우리 땅 흙 속에서 씨앗 내리고 우리와 함께 바람 맞으며 피고 지는 꽃들. 우리가 보고 있는 풀 한 포기, 꽃 한 송이는 그냥 단순한 식물이 아닌 우리의 역사이고 조상 대대로 이어진 우리의 숨결이었음을 이제야 깨닫고 각인한다. 꽃은 저절로 피지 않는다. 자기 자리에서 최선을 다하는 식물들의 삶에서 나도 힘을 얻는다. 한 송이 작은 꽃으로 위안받는 요즘이다.

　좋아하는 색의 조합이 쪼그마한 우주 안에서 오글거린다. 또르르 말려 있는 태엽을 시나브로 풀며 피는 꽃마리. 너의 해맑은 모습에 오래도록 머문다.

꽃 중의 꽃

 광릉요강꽃 보기가 참 힘들다.
 입술 모양 꽃잎이 요강처럼 생겼다고 해서 광릉요강꽃으로 불리는 꽃. 5월 12일 꽃을 보러 간 국립수목원에서도 때는 늦었다. 두 장의 잎이 양쪽으로 넓적하게 받치고 있고 그 잎 사이에서 꽃이 피어나는데, 가녀린 모습으로 말라 있다.
 국립수목원이 개체수를 매년 확인하며 보존하고 있는 우리나라 희귀식물 '광릉요강꽃'. 국내에서는 1931년 경기도 광릉 지역에서 처음으로 발견되었다. 환경부에서는 특산 식물로 분류하였고 멸종 위기 식물 1급으로 분류하여 보호하고 있다.

광릉요강꽃

아쉬움에 4월 말경 비수구미마을에서 찍은 사진을 받았다. 귀한 꽃이 일제히 나를 향해 인사하는 듯 무더기로 피어 있다. 꽃마다 표정이 똑같은 거 같으면서도 뜯어보면 다 다르다. 수목원에서 진 꽃은 개체수가 얼마 안 되었는데, 다양한 표정으로 매력을 발산하는 많은 꽃을 보고 깜짝 놀랐다.

육지 속의 오지 중 오지였던 비수구미마을. 할아버지가 공사 중 특이한 꽃을 발견해서 집에 6촉 옮겨 심은 것이 지금은 번식에 성공해서 대한민국 광릉요강꽃 최대의 군락지가 되었다. 멸종 위기종인 광릉요강꽃을 저토록 많이 증식했다는 것이 신기하다.

5월 숲속의 인어 발레리나, 꽃 중의 꽃. 영원히 우리 곁에 있기를 바란다.

처녀치마
꽃 피우다

한겨울 산성을 돌다가 눈 속에서 초록빛 식물을 만났다. 처녀치마이다. 작년에 난 잎들이 월동하느라 후줄근해진 채 땅바닥에 납작 붙어 있다. 꽃말처럼 기세가 대단하다. 혹한에 견디는 미니스커트 차림의 잎을 보고 꽃을 볼 때처럼 놀랐다. 생명력이 아주 강해 가을까지 성성한 풀잎을 지니고 겨울에는 푸른 잎이 땅바닥에 펴져 산속의 추위와 눈보라에도 아랑곳하지 않는다고 한다.

꽃을 보려면 4월까지 기다려야 한다. 청주 저수지 부근 비탈길에서 새초롬히 핀 꽃을 보고 놀랐다. 이름처럼 생긴 것도 특이하다. 처음 보는 꽃은 목을 한껏 움츠리고 있는 듯 보였다. 줄기 끝에

처녀치마 꽃

서 3~10개 정도 꽃술이 비스듬히 아래로 뻗으면서 하나의 꽃뭉치를 이룬다. 꽃대를 올리고 분홍색 또는 보라색 꽃 맺힘이 앙증맞다. 꽃술을 확대해 보면 수술보다 길게 삐져나온 신비로운 암술이 매우 고혹적이다. 보라색 속살이 곱다.

처음 보았을 때 무리 지어 피지도 않고 한두 송이 핀 꽃은 외로워 보였다. 주걱 모양의 잎이 둥근 방석처럼 퍼지며 자라는 독특한 생김새가 신기하다. 잎이 넓게 퍼지므로 처녀들의 치마폭을 연상하게 한다. 주름치마 같은 긴치마, 왜 꽃 이름에 치마란 단어

처녀치마 열매

가 붙었을까. 꽃잎이나 잎이 처녀가 입는 치마를 닮아 붙여진 이름이다.

 초기에 피는 꽃은 아직 기온이 높지 않은 상태라 주변 환경의 낮은 기온에 적응하기 위해 꽃대가 낮게 핀다. 꽃대가 긴 처녀치마 사진을 보고 의아해했는데, 기온이 상승하면 꽃대가 점점 높이 자란다고 한다. 종자가 결실한 후 바람에 의해 가능한 꽃씨를 멀리까지 퍼트리려는 전략이다. 꽃대가 높아지면서 잎이 아래로 늘어진 걸 보면 주름치마 같기도 하고, 치마를 활짝 펼치고 꽃술 고운 꽃이 쏙 올라와 있는 걸 보면 캉캉치마 같기도 하다.

집 가까운 곳에서 한두 송이만 보다가 강원도 청태산 자락에서 무리 지어 핀 처녀치마를 마주했다. 자연휴양림 오른쪽 데크길을 조금 걸었는데 처녀가 다소곳이 앉아 고개를 숙이고 있는 듯 핀 군락지에서는 외롭지 않아 보였다. 올망졸망 모여 있는 치마들은 행복해 보였다.

한국 특산 식물인 처녀치마는 백합과의 숙근성 여러해살이풀이다. 숙근성이란 해마다 묵은 뿌리에서 움이 다시 돋는 식물이다. 뿌리가 잠을 자다가 때가 되면 다시 새싹이 돋는데, 작년에 자란 주걱형의 기다란 잎을 땅바닥에 늘어뜨리고 그 가운데에 꽃대를 밀어 올린다. 가장 외곽에 있는 일부 잎은 고사하기 전 잎의 끝으로 지면에 접하는 부분이다. 스스로 영양 번식할 새로운 개체를 형성한 후 서서히 고사하는 매우 특이한 방식의 생존 전략을 쓰고 있다.

남매 쌍둥이를 낳고 시골에서 살았다. 어릴 적 딸아이 머리를 묶어주면 고무줄을 빼서 휙 던져버린다. 그러면 아들이 주워 와서 묶어달라고 한다. 치마도 입히자마자 벗어던지면 아들이 들고 와 입혀달라고 했다. 동네 사람들이 와서 쌍둥이 중에 누가 여자냐고 묻는다. 바지 입고 선머슴처럼 뛰어다니는 애가 딸이라고 하면 머리를 갸우뚱한다. 그러면서 머리 묶은 아들아이 치마를 슬쩍 들어 올려 확인하곤 했다. 아들이 치마 벗기를 한사코 거절하여서 하는 수 없이 치마를 입은 채로 외출한 경우가 다반사였다.

쌍둥이로 뱃속에서부터 같이 있다가 고등학생이 되면서 떨어진 아이들. 이제껏 티격태격했으니 안 보면 한결 좋아질 거라고 은근히 좋아하는 눈치다. 그러나 막상 떨어져 보니 허전하고 무언가 잃어버린 거 같다고 했다. 둘이 있을 때는 몰랐지만 혼자 있으려니 외로웠나 보다.

어느덧 커서 사회의 일원이 된 아이들. 꽃이 피어나고 결실이 이어지면 새로 자란 잎에 모든 것을 넘겨주고 미련 없이 사라지는 처녀치마 묵은 잎처럼 아이들에게 세상살이를 넘겨주고 난 사라질 테다.

도랑가에서 혼자 외로이 핀 꽃보다 청태산 언덕배기에 오순도순 핀 처녀치마 무리처럼 서로 의지하며 살아갔으면 싶다. 때로는 고라니에게 잎을 뜯기는 역경이 오더라도 당차게 극복하고 꿋꿋하게 한세상 살았으면 싶다.

꽃 피운 처녀치마 꽃대 올린다.

봄의 향기

　이른 봄 가침박달꽃이 궁금하여 화장사 절에 자주 간다. 사찰에서는 봄의 경지를 깨닫게 한다는 의미로 '깨침의 꽃'으로 부르기도 하는데, 화장사에는 가침박달꽃이 많다. 글 스승이신 김홍은 교수님이 처음 '가침박달꽃 축제'를 화장사에서 개최하였는데 몇 년 후부터 절에서 '화장사 깨침꽃 축제'를 연다.
　꽃이 피면 진한 향기와 순백색의 꽃이 풍성하고 매력적이다. 순백의 꽃잎에 푸른빛이 감도는 꽃술은 고결함까지 갖추었다. 꽃이 지고 열매가 맺힌 모습도 보기 좋아서 자주 찾는데 때를 맞추기가 어렵다. 열매의 모양이 특이한데, 씨방 여럿이 바느질할 때 감치

가침박달

모임 득
포토 에세이
시간의 바깥

가침박달 열매

기로 꿰맨 것처럼 보인다.

 김홍은 교수님은 수필 「가침박달」에서 가침박달 꽃봉오리를 볼 때면 화장사 반쯤 열린 문틈으로 살며시 바라보던 젊은 여승의 미소 같다고 했다. 햇살이 좋을 때면 여승은 일하느라 바빠서 비 올 때 자주 가 봐도 반쯤 열린 문틈으로 미소 짓는 여승은 뵙지 못하였다.

 봄이면 화장사 가침박달꽃과 사랑에 빠진다. 꽃이 활짝 필 때면 향기가 매우 좋아 '봄의 향기'라고 부르기도 한다.

무심천 발원지 湧泉水에서
청노루귀를
만나다

　산모롱이를 돌아서니 환하다. 영롱한 빛이 나를 반기는 듯 신비롭다. 벌목한 산 소나무 중간중간 심어진 곳에 조릿대가 햇빛을 받아 반짝이고 있다. 조릿대는 많이 보았지만 이렇듯 빛을 발하는 건 처음이다.

　괭이꽃, 현호색 봄의 전령사들이 산 곳곳에서 봄소식을 알리고 있다. 이곳은 바람도 느낌이 있다. 마음이 온화해진다. 바깥세상에서는 꽃들이 화려한 시간을 보내지만, 이곳에서는 자기만의 따스함으로 피어나고 있다.

　노루귀가 있다. 청아한 귀공자 같다. 그토록 보고 싶던 청노루귀는 오랜 추위를 견디고 고개를 내밀어 누구를 기다리는 것일까. 귀를 쫑긋 세우고 비탈에 서 있다. 소박하게 마중하는 작은 몸짓이 숲을 깨운다. 발길에 다칠까 조심하며 영접한다.

홍노루귀는 보았지만, 청색과 흰색은 처음 본다. 꼭 숲의 정령이 깃들어 키워낸 듯싶다. 햇빛이 닫기 전에는 꽃잎을 다물고 있다는데 우리가 갔을 때는 점심 무렵이라 다행히 꽃잎을 열고 자태를 뽐내고 있다. 한 송이, 두 송이, 때로는 서너 송이 피어 있다. 노루귀는 군락을 이루어 핀 것을 못 보았다.

꽃이 앙증맞고 예쁘지만, 흰 털로 뒤덮인 꽃대도 일품이다. 솜털 뽀송뽀송한 줄기를 보노라면 귀여운 아기 볼이 생각난다. 여리여리하면서도 우아하다.

작고 여린 꽃대에서 어찌 저렇게 고운 꽃을 피워 올릴까. 한 송이 한 송이가 반갑기 그지없다. 일찍 피는 야생화들처럼 키가 작아 눈에 잘 띄지 않는다. 깔때기 모양으로 말려 나오는 꽃은 3~4월에 핀다. 빛이 잘 드는 양지쪽에서 잘 자란다.

노루귀

노루귀

노루귀는 뿌리를 제외한 식물 전체에 흰 털이 나는 게 특징이다. 꽃은 잎보다 먼저 핀다. 노루귀는 꽃이 피고 나면 잎이 나오기 시작하는데, 막 잎이 올라오기 시작할 때의 모습이 둥그스럽게 말리고 털이 있어 노루의 귀를 닮았다고 하여 붙은 이름이다. 특이한 것은 꽃잎처럼 보이는 부분이 꽃받침 잎이란 점이다. 이 꽃받침이 자라는 환경에 따라 흰색, 분홍색, 보라색, 청색 등 여러 색을 띠는데 그 이유가 뛰어난 환경 적응력이란다.

사계절 내내 물이 마르지 않는 곳, 물길이 끝나는 곳에서 가장 멀리 있는 곳, 가덕면 내암리 발원지이다. 무심천 발원지답게 물소리가 들린다. 산에서 졸졸 흐르는 물소리가 청량감을 준다.

하구에서부터 거리가 가장 먼 물줄기를 발원지潑源地라고 한다. 청주 시민의 젖줄 무심천 발원지는 현재 세 곳으로 알려져 있다. 청주시 상당구 낭성면 추정리(머구미고개)와 가덕면 한계리, 내암리 일대이다. 『충북도지』에는 무심천의 발원지를 남일면과 낭성면 경계에 있는 선도산仙到山이라고 적고 있는데, 실제와 상당한 거리를 두고 있어 좀더 조사해 봐야 한다고 한다.

왜 발원지가 한곳으로 정해지지 않았을까? 의구심을 가지며 찾은 내암리 일대에 흐르는 벽계수는 물이 맑기로 이름나 있다. 무심천 발원지 푯말을 보며 어떤 모습일까 기대가 컸다. 발원지로 가는 길은 작은 개울물이 이어져 있다. 물은 많지 않지만, 유리같이 맑다. 더구나 계곡에서 노란 괭이밥과 꿩의바람꽃이 지천으로 반긴다.

수십 년의 세월을 견딘 나무 위 하늘도 파랬다. 원시림을 아직도 간직하고 있는 곳이다. 산등성이는 수종 개량 사업이 이루어지고 있다. 중간중간 민둥산이다. 이곳으로 올라오는 초입에는 생수 공장이 있어 대형차가 먼지 날리며 드나들고 있었고 종교 시설, 전원주택, 농막도 있어서 좀 의외였다. 기대감이 좀 무너졌다.

오랜만에 핸드폰이 터지지 않는 곳에 있다. 이 산자락 골짜기에서 흘러내리는 물줄기가 청주를 가로지르는 무심천으로 흐른다니 신기하다. 발원지라고 하면 물이 많을 줄 알았던 기대감은 손을 적셔보는 맑은 물로 만족한다. 산 중간이 발원지이다. 산의 중간에서 물이 흐른다. 꽃 한 송이, 풀 한 포기, 나무 한 그루…. 모두 아끼고 보호해야 할 대상이다.

고고한 자태의 청노루귀. 그 청초한 모습이 눈에 어린다. 작고 여리고 솜털 뽀송뽀송한 미소년 같지만, 발원지 물소리를 생장의 소리 삼아 오늘도 제 몫을 다하고 있을 테다.

발원지 보호는 물론 서식 환경을 유지하여 노루귀 개체수가 늘어나기를…. 새봄에도 나를 매료시켰던 노루귀를 만나고 싶다. 청보라 꽃잎의 강렬함, 하얀 꽃술 속 노란빛, 꽃대에 곱게 돋은 솜털을.

함박꽃
그녀

　함박꽃나무는 청초하고 소박하며 청아한 향기가 매력적이다. 덕유산에서 만나고 깜짝 놀랐다. 공중에서 아래를 보고 피었는데, 단아하고 기품 있는 여인 같았다. 살짝 수그린 채 피어난 흰색 꽃이 비할 데 없이 아름다워 한동안 눈을 떼지 못하였다. 높은 산에서 유백색으로 5월에 피어나는 함박꽃은 참으로 곱다. 순백색의 꽃잎과 정연한 배열, 붉은 수술과 꽃밥은 새하얀 꽃잎을 더욱 눈부시게 한다.

　산에서 자라는 목련이라고 해서 산목련이라고도 부른다. 큰 잎을 가진 꽃이라는 것에서 착안해 크게 웃는 모습을 '함박웃음'이

함박꽃나무

함박꽃나무

라는 비유적 표현이 있다. 나처럼 자기를 보고 웃는 사람이 좋아서 함박꽃나무도 덩달아 함박웃음 짓지 않을까. 꽃이 크고 화려하며 향기가 좋다.

  커다란 초록의 잎 속에 함지박처럼 희고 깨끗하게 둥근 꽃. 그녀는 고상하고 예뻤다.

제2부

시간의 바깥

여름은 초록 숲이 있기에
꽃들도 더욱 화사하게 돋보인다.

시간의 바깥

이제야 알았다. 왜 시계꽃인지를.

둥그런 꽃판에 시침과 분침이 선명하다. 째깍째깍 시곗바늘 소리가 들리는 듯하다. 보기만 해도 이름을 알 수 있는 꽃이다.

어쩜 이렇게 정교할까. 시계의 문자판 같은 자주색 부화관 위에는 수술이 5개, 씨방을 이고 암술대는 세 개로 갈라지는데 시침과 분침, 초침인 듯하다.

시계꽃 종류의 꽃은 대부분 화려하게 생겼지만, 하루만 피었다 지는 경우가 대부분이다. 이것을 보고 몇몇 사람들은 인생의 꽃이라고도 한다. 아름다움에 비해 꽃을 보여주는 시간이 너무 짧

시계꽃

아 아쉬운 꽃이다.

 달력이 한 장씩 떨어져 나가고 해가 바뀐다고 해서 특별히 달라지는 것은 없다. 시간은 멈출 수도, 되돌릴 수도 없다. 우리는 저마다의 시간을 살고 있다. 연보랏빛 시계꽃은 시계꽃대로, 하루살이는 하루라는 생체 시계대로, 나 또한 지금, 이 시간을 열심히 살아내고 있다.

　가끔 이 세상은 시계꽃처럼 정확히 움직이는 공간 속에 시간이 침범하고 있다는 생각이 든다. 그때 그 시간 그곳에서 우리가 만난 것이 마치 필연을 가장한 우연이라는 생각이 든다. 한 치의 오차도 없이, 분침과 초침이 겹치는 그 순간을 함께하고 있었다는 것. 지난여름 수생식물원에 같이 간 일행이 시계꽃을 보며 함께 같은 시간에 있었던 것처럼….

　시골집에 괘종시계가 있었다. 마루 기둥에 걸려 있는 시계는 시간이 되면 사람이 듣건 말건 둔탁한 저음으로 시간을 알려주곤 했다. 시계에는 논틀밭틀 다니며 일하시던 부모님의 어떤 시간이 머물러 있을까. 어머니 아버지는 철마다 심어놓은 고추, 콩, 담배, 오이, 감자, 고구마…. 작물을 돌보느라 진종일 밭에 나가 종종거렸다. 밭에서 돌아오면 텃밭의 채소로 상추 겉절이를 하고 감자를 넣어 아욱국을 후딱 끓여냈다.

　한여름 먼지 날리는 담배 조리를 할 때는 괘종시계 소리로 새참을 내고 점심을 준비하셨다. 우물가에서 고단한 하루를 씻고는 뜰팡에 고무신 세워 놓으며 괘종시계를 보던 부모님의 시간은 낮에는 햇빛이 돌리고 밤이면 달빛이 돌렸으리라. 그럴 때 아버지와 어머니의 시간은 햇빛과 달빛으로 흘렀겠지. 빛과 어둠이 공존하고 낮과 밤이 교차하는 시간의 흐름에 따라 시곗바늘도 회전하였으리라.

어슴푸레 동이 터오는 새벽이면 어머니는 뚝딱뚝딱 밥이며 국을 끓여내고 아버지는 가마솥에 물을 길어 나르고 사랑채에서 소죽을 쑤셨다. 빛과 그림자처럼 어머니와 아버지의 시간이 공존해 있었다. 자연과 함께한 시계의 시침과 분침은 해와 달이 돌리고 열두 개에 박혀 있는 시간은 어쩌면 별빛으로 빛나고 있었으리라.

시골집 괘종시계도 시간은 사라질 수 있다는 것을 알려주기라도 하는 듯 째깍째깍 초침이 시간을 지우곤 했다. 이 순간에도…. 지나온 시간은 기억으로 남아 있다.

시간은 일정하게 가지만 인간이 느끼는 시간은 얼마나 부정확하고 심리적인 지배를 받을까. 우리가 함께하는 시간에는 객관적 물리적 시간인 크로노스 시간도 있지만 주관적 심리적인 카이로스 시간도 있다.

시간도 무게가 있는지 기분이 좋으면 가볍게 후딱 지나간다. 사랑하는 연인을 만난다거나 기분 좋은 날엔 '벌써?'가 떠오르고 기분이 안 좋을 때는 시계를 보며 '아직도' 한다. 마음의 시간은 기분에 따라 같은 시간도 다르게 흘러간다. 시간을 알려주는 괘종시계가 크로노스의 시간으로 갔다면 가족의 일생을 기억하는 괘종시계는 카이로스의 시간으로 생각할 수도 있다.

괘종시계와 덩굴손 감아올려 꽃을 피워낸 꽃시계에 물어본다. 지금 내 인생의 시계는 몇 시이며 잘 돌아가고 있는지. 크로노스나 카이로스 시간도 아닌 시간의 바깥에서 허송세월 보내고 있는 건 아닌지. 무심한 시계꽃은 답이 없다. 다만 괘종시계 초침만 들릴 뿐.

꽃이 피는 시간과 사람의 시간은 얼마나 다를까. 가장 아름다운 시간에 꽃이 피듯이 시간의 테두리 바깥일지라도 남은 내 인생에서 아름다운 꽃을 피울 날이 올까.

시간의 바깥에서 오늘 지금이란 시간에 꽃을 심고 가꾸리라.

시계꽃

시대적
아픔이
서리다

　일행들이 소리쳤다. "금강초롱꽃이다." 너도나도 꽃을 향해 돌진한다. 처음 보는 꽃은 초록의 숲에서 환하게 초롱불을 밝히고 있다. 엷은 자색이 감도는 소박한 꽃. 잎사귀는 곰취 잎사귀처럼 둥그스름하니 푸근하다.

　금강산에서 처음 발견되어서 금강초롱꽃이다. 청사초롱처럼 은은하게 빛나는 꽃이지만 학명은 복잡한 일본 이름이다.

　금강산, 설악산, 화악산 등 강원도 높은 산에만 서식하는 특산 식물 금강초롱꽃. 나카이가 일본으로 가져간 금강산 온정령에서 채취한 금강초롱 기준 표본은 일본 도쿄대학 식물원에 소장 중이다.

금강초롱꽃

 그 기준 표본이 백 년 만에 처음 공개되는 영상을 보았다. 봉투 두 개에 담겨 백 년의 시간이 지나 펼쳐졌다. 뿌리, 줄기, 잎, 꽃이 납작하게 말린 채 역사만큼 희미해졌는데 그 아름다움에 몇 번을 돌려본다. 가슴은 먹먹하지만 새롭기도 하면서 나라에 대해 생각하게 된다.
 대한민국 특산 식물이 어쩌다 일본 학명을 갖게 되었는가. 일제 식민 지배의 슬픈 역사가 오롯이 남아 있다. 일제 강점기 한반도

금강초롱꽃

식물 연구를 선점했던 나카이 다케노신中井猛之進이 1911년 세계적인 특산종 금강초롱꽃을 발견하고선, 자신을 적극 후원했던 초대 일본 공사 하나부사 요시타다花房義質의 공을 기린다며 학명의 속명에 하나부사(Hanabusaya)를 가져다 붙이고 맨 뒤엔 자신의 이름 나카이(Nakai)를 쓴 것이다.

일제 식민 지배의 슬픈 역사가 식물 이름에 고스란히 남아 있다. 당시 시대적 아픔이 서려 있는 것 같아 더 애처롭게 보인다.

'한국적인 것이 가장 세계적인 것'이라는 말이 있다. 우리나라에만 자생하기에 가장 한국적이라고 말할 수 있고, 식물학적으로 희귀하기에 세계적으로도 큰 관심의 대상이 되는 우리나라 특산 식물의 하나가 바로 금강초롱꽃이다. 꽃의 크기나 모양, 색 등 미학적으로도 전 세계 어느 야생화에 뒤지지 않는다. 금강초롱꽃은 색 변이가 심하여 진한 보라색부터 하얀색까지 다양한 색 농도의 차이를 볼 수 있다.

  초롱꽃은 물론 친숙한 산나물인 더덕과 도라지를 비롯해 만삼과 소경불알, 모시대, 잔대 등이 모두 종 모양의 꽃이 피는 초롱꽃과의 식물들이다. 그중 꽃의 생김새나 색 등이 단연 뛰어난 금강초롱꽃은 우리 민족이 백두산만큼이나 특별히 여기는 금강산에서 처음 발견된 초롱꽃이라는 의미 이상을 내포하고 있는 식물이다. 금강초롱꽃 속에는 다시 금강초롱꽃과 흰금강초롱꽃, 검산초롱꽃 등 3개 하위 종으로 나뉘는데, 모두 우리나라에서만 자생한다.

  바위틈 덤불 속에 숨어 있는 금강초롱. 언제나 그 자리에서 누가 봐 주지 않아도 잘 살아낸 금강초롱꽃. 연약해 보이지만 비가 와도 바람 불어도 우리 민족처럼 굳건하게 견디며 꽃을 피워낸다.

세시화

    꽃도 사람도 시절 인연이다. 꽃이 지천으로 피어 있어도 내가 보지 않으면 꽃이 아니다. 꽃도 사람처럼 그저 피는 꽃은 없다.
    친구네 정원에서 수세미에 이끌린다. 사진을 찍으려고 허리 구부리다 작고 앙증맞은 꽃을 발견한다. 오후 세 시 무렵 피어나니 세시꽃이다. 다닥다닥 붙은 꽃송이와 씨앗들이 참 귀엽다. 누가 바라보지 않아도 세 시가 되면 다섯 장의 꽃잎을 열었다가 저녁이 되면 오므린다. 꽃이 지는 것이 서러울 새도 없이 봉오리도 많고 달린 씨방도 많다.
    작은 진분홍빛 꽃은 금방 나의 마음을 끌었다. 한 줄기 얻어다

심었는데 그 후로 피고 진단다. 나는 왜 이제야 보았을까. 여러 송이가 피어 눈길을 사로잡는 봉숭아, 백일홍 같은 꽃만 눈에 든 것이다.

세 시에 핀다고 세시화, 자금성꽃, 목안개꽃으로 불린다. 곁가지 사이사이에서 계속 꽃을 피운다. 주고 또 주는 친구처럼 화수분이다. 씨앗도 계속 따기가 무섭게 여

세시화

문다. 동글동글 씨도 익으면 하얗게 변한다. 그걸 똑 따면 까만 씨들이 들어 있다. 건드릴 때마다 씨앗이 여기저기 막 튄다.

4월부터 11월까지 꽃이 피고 진단다. 꽃봉오리는 왜 하필 오후 세 시경에 열까. 사람의 인생으로 치면 오후 3시는 딱 내 나이일까. 한낮의 뜨거운 열기가 가라앉은 시간, 강렬하게 내리쬐는 한낮의 태양도 좋지만 한 꺼풀 힘이 사그라진 세 시의 빛이 좋아질 나이다. 한창 열정적인 시간은 가고 이제 느긋하게 노을을 보며 차 한 잔 여유 부릴 나이로 가는 시간이다. 청춘을 지나 노년으로

접어드는 시간에 꽃이 피다니. 참으로 신기하다.

'식물학의 시조'라고 불리는 식물학자 칼 폰 린네는 하루 동안 꽃이 피고 지는 시간을 기록해 꽃시계를 만들었다고 한다. 지금 피어 있는 꽃과 피어 있지 않은 꽃들을 대조하여 지금 시간이 대략 몇 시쯤인지 파악할 수 있는 자연 시계이다. 꽃마다 봉오리가 벌어지는 시간과 오므리는 시간이 다르므로 이를 이용하여 시간을 알 수 있었던 건데, 린네의 꽃시계에 3시쯤엔 무슨 꽃이 피었을까. 세시화도 추가해야 할 듯하다.

하루하루가 모여 한 달이 되고 일 년이 되어 어느덧 육십이다. 하루는 별거 아닌 것 같지만 되돌아보면 그 하루가 모여 이 자리에 닿은 것이다.

힘든 시간을 보내서일까. 마음이 나약해져선가. 5년여 병시중에 몸도 마음도 지친 데다 혼자서 세상을 살아내야 하는데, 망설이게 된다. 거친 세상에 한 발 내디뎌야 하는데 주춤거리고 있다.

내 인생 9시경일 때는 빠른 판단과 행동도 거침없었다. 세상 두려운 것이 없었다. 마음만 먹으면 무엇이든 이룰 것 같은 패기가 있었다. 그 패기의 무모함이 세상과 부딪히면서 적당히 타협하고 조율하며 여기까지 왔다. 딱 세시화가 피는 시간까지.

세시화 주인인 친구와는 너나들이하는 사이다. 조용한 듯하면

세시화

서도 내가 푸념하는 이야기를 다 들어주고 공감해주며 해답을 주기도 한다. 성품이 넉넉하고 도량이 넓다. 남편들이 친한 친구였는데, 나의 반쪽이 간 지금은 부인들이 더 친해졌다. 일생에 마음 나눌 친구가 한 사람이라도 있으면 성공한 삶이라고 하는데, 그럼 난 성공한 인생이리라.

정이 그립고 관심을 받고 싶고 누군가와 진솔한 대화를 나누며 내 인생을 의논하고 싶다면 주저 없이 친구한테 간다. 남편이 가고 세상 밖으로 한 발 디디기가 힘들었을 때 손잡아 주었고, 언제 만나도 반갑고 고마운 친구다. 좋은 시절보다 내 처지가 곤궁하고 어려울 때 함께하는 친구가 참다운 벗이다. 친구와의 우정에도 깊이가 있다. 세시화를 품은 벗은 내 개인적인 일이나 불안정한 감정을 드러내어도 흉이 되지 않는 친구다.

눈에 보이지 않는 씨앗이 어디에 숨어 있다가 싹을 틔워 꽃을 피울까. 여리디여린 듯 하늘하늘하면서도 절대 쓰러지지 않는다. 물을 주면 바닥에 쓰러졌다 다시 일어난단다. 나보다 더 씩씩한 화초 같다. 친구도 나도 세시화 피는 오후 세 시 인생을 지나고 있다. 그리 길지 않은 인생, 다섯 시를 지나고 저물녘 노을을 맞이하는 길에 같이하고 싶다.

복을 한아름 담다

 핑크빛 복주머니란 꽃은 풍만하니 사랑스럽다. 까칠한 여인이 아니라 모든 걸 품어 안아 줄 마음씨 고운 여인 같다.
 복주머니란 꽃을 처음 보는 사람들은 무엇보다 그 생김새에 놀라게 된다. 꽃의 생김새가 꼭 개의 불알과 흡사해서 개불알꽃이라고 불렸다. 또 옛날에 쓰던 요강을 닮아서 요강꽃이라고도 했다. 요즘은 개불알이라는 이름이 상스럽다고 해서 복주머니란 이름으로 바뀌었다.
 2007년 펴낸 국가 표준 식물 목록에 그 이름을 복주머니란 속屬 식물로 올렸으며 전 세계적으로 멸종 위험에 처해 있다. 한국에는

복주머니란

모 임 득
포토 에세이
시간의 바깥

복주머니란, 털복주머니란, 광릉요강꽃 이렇게 세 종류의 종種이 자생한다.

푸른 산빛이 아름다운 5월 12일. 국립수목원에서 광릉요강꽃은 시들었지만, 펜스 너머 복주머니란 종류를 보는 것으로 만족했다. 분홍색, 노란색 등 색깔도 다양하게 피어 있다. 깊은 산속에서 드물게 보였던 야생란 복주머니란은 꽃이 크고 화려해 혼자 소유하고 싶은 사람들에 의한 남획으로 인해 개체수가 매우 적다.

철조망 안에서라도 귀한 꽃 관리 잘되어 더 번식하기를….

복주머니란

깽깽이풀,
깨금발 뛰다

 봄바람에 하늘거리는 깽깽이풀이 보고 싶었다. 바쁜 일상에서 잠시 짬을 내어 들렀는데 연보랏빛 꽃이 안 보인다. 꽃 자리를 소개한 지인은 꽃이 졌을 수도 있으니 연꽃잎 같은 것을 찾아보라고 한다. 꽃은 지고 연잎 닮은 잎사귀만 나를 반긴다. 봄결이 깊어질수록 꽃은 우리를 기다려주지 않는다.

 하늘하늘한 꽃이 예쁘기 그지없지만, 활짝 핀 모습을 보기는 쉽지 않다. 개화 조건이 매우 까다로워 날이 조금만 흐리거나 기온이 차면 꽃잎을 아예 열지 않는다.

 깽깽이풀은 삼일천하다. 당일 꽃을 피우고, 다음 날 절정을 보

깽깽이풀

여주고 3일 후부터는 꽃이 떨어진다. 빗방울만 맞아도 꽃잎이 우수수 떨어진다. 절정을 만나기가 쉽지 않아서 아쉽지만, 잎은 풍성하다.

사무실에 깽깽이풀 피었다고 한 지인이 생각나서 봄비가 오는데도 무작정 찾아갔으나 거기도 꽃은 졌다. 아! 이제 일 년을 기다려서 내년에나 봐야 하는가 보다. 보랏빛으로 무리 지어 핀 꽃을 보고 싶었는데, 일이 바빠서 차일피일 미루다가 낭패다.

야생화 탐사를 보은으로 갔다. 청주보다 추운 지역인지 그곳 공원에서는 무더기로 피어서 바람에 한들거린다.

씨앗 표면에 붙은 갈색은 개미를 유혹한다. 개미의 동선에 따라 깽깽이 뜀을 한 것처럼 줄지어 피었다고 해서 깽깽이풀이다. 깨금 발 한 것처럼 모둠 모아져 피어 있다.

깽깽이풀은 씨앗을 퍼트리기 위해 개미를 심부름꾼으로 이용한다. 이 전략을 성공시키려면 '엘라이오좀'이라는 주걱처럼 생긴 지방체를 씨앗에 붙여두면 개미가 통째로 집어 들고 자기 굴로 가져간다. 개미 유충들의 훌륭한 먹이가 되는 엘라이오좀만 먹고 씨는 개미굴 밖으로 내다 버린다. 그렇게 해서 씨앗들은 널리 퍼져서 새로운 싹을 틔우는 것. 깽깽이풀 이외에도 얼레지, 피나물, 매미꽃, 현호색, 산괴불주머니, 금낭화, 제비꽃 등 의외로 많은 식물이 엘라이오좀을 이용해 씨앗을 이동한다. 엘라이오좀은 개미나 곤충들이 좋아하는 먹이다.

솔향공원은 지자체에서 심어 관리하는 곳이다. 군락을 이룬 것을 보면 듬성듬성 꼭 깨금발 놀이를 하는 것 같다. 한쪽 발로만 뛰는 뜀뛰기 놀이를 하는 것처럼 띄엄띄엄 떨어져서 자란다. 매자나무과 여러해살이풀로 환경부 지정 멸종 위기종 희귀식물로 지정 보호하고 있다고는 하나 자생지 파괴가 빈번하게 발생하고 있는 안타까운 현실에서 보호하고 관리해 주니 고맙다.

보은에 있는 야산에 갔는데 거기에도 야생 깽깽이풀이 한창이

깽깽이풀　　　　　　　　　　　　　　　깽깽이풀 씨앗

다. 양지바른 산에서 보랏빛으로 군데군데 피어 존재를 뽐내는 꽃을 찍느라 신이 났다. 일 년을 안 기다려도 볼 수 있으니 오늘 일정을 정한 회원한테 고맙다고 연신 인사한다.

　어렸을 적 마을회관 앞에 1~10까지 그림 그려놓고 한 발로 디디며 노는 놀이를 하였다. 친구들과 깨금발 뛰며 놀던 때가 엊그제 같은데 벌써 시간이 후딱 지나갔다. 지나간 청소년기와 젊은 시절이 깽깽이풀 삼일천하 같다.

　인간은 지난 시절로 다시 돌아갈 수 없지만 깽깽이풀은 이른 봄,

줄기가 올라오며 피어난다. 씨앗은 흙에서 3년이 지나야 꽃을 피울 정도로 천천히 발아하고 잎보다 먼저 올라온다. 몸에 비해 커다란 꽃을 피우는 건 벌과 나비를 불러오기 위해서다. 수분을 마치면 제 역할을 다한 꽃은 시들고 씨방을 만든다.

씨앗을 보면 연잎 같은 이파리는 초록색인데, 갈색 둥근 씨들이 다글다글 붙어 있다. 중간중간 흰색 엘라이오좀이 묻어 있어서 신기하다.

깽깽이풀은 계획한 번식의 목표를 달성하면 가을에는 흔적도 없이 자취를 감춰 휴식기를 갖는다. 이듬해 봄 성공적인 번식을 위해 에너지를 비축하는 전략이리라. 복수초 노루귀에 이어 봄을 알리는 꽃, 깽깽이풀로 인해 봄이 오나 보다.

시간의 흐름 따라 꽃 피고 열매 맺고 소멸한다. 계절이 지나면서 육십이 지났다. 누군가에게는 소중한 기억이었다가 또 잊힐 것이다. 우리의 삶이 들꽃 한살이와 무엇이 다르랴.

보랏빛 깽깽이풀처럼 늘 봄날 같은 삶을 살면 좋겠다. 따스한 봄결처럼 모두 행복한 날들 되기를. 삶의 모든 순간이 꽃처럼 피어나길….

큰제비고깔

　상당산성은 야생화의 천국이다. 야생화에 관심 두기 전에는 몰랐는데 다양한 꽃들이 철따라 피고 진다. 봄에 처녀치마, 현호색을 시작으로 구슬붕이, 병아리풀, 둥근잎꿩의비름, 자주쓴풀, 산해박, 나리, 솜나물, 며느리배꼽….

　성벽 아래 풀이 한 자나 자란 곳을 회원들이 내려간다. 무서움이 많은 나는 못 내려가고 보니 보라색 꽃이 보인다. 이름도 생소한 꽃은 보자마자 아하~~ 이름을 왜 그렇게 지었는지 알겠다. 꽃마다 꽃 속에 제비가 날고 있다. 이런 꽃도 있구나. 야생화는 알면 알수록 신비하다.

큰제비고깔

모 임 득
포토 에세이
시간의 바깥

    산성에서 큰제비고깔은 그해 보고 먼발치에서만 본다. 풀이 너무 많아서 내려갈 엄두를 못 내서 아쉬웠는데 좌구산에서 보고 반가웠다. 내가 보고 싶던 진범과 같이 있는데, 한여름 산에 올라가느라 땀을 흘렸지만, 꽃을 보면 금세 생기가 돈다.
    여리디여린 꽃 안에 든 제비들이 해마다 세를 늘렸으면 좋겠다.

담배꽃

담배꽃이 피었다. 요즘은 잘 볼 수 없는 추억의 꽃이다. 잎사귀는 다 따버린 빈 대 위에서 연분홍 꽃이 만개해 넓은 꽃밭을 보는 듯하다.

꽃숭어리를 끌어다 자세히 보니 야들야들한 꽃잎에 비해 꽃술은 단단했다. 향이 좋은 것도 아니고 가시로 무장한 것도 아닌데 담배 대공처럼 단단하다. 꽃술을 꽃과 분리하자 손이 진득하다.

담배꽃이 필 때면 꽃대를 딴다. 영양분이 꽃으로 가는 걸 막아 담뱃잎이 더 잘 크도록 하기 위해서다. 잎을 위해서 꽃 피우기도 전에 잘린 꽃대들. 그 때문에 담배꽃이 활짝 핀 것을 보기가 쉽지 않다. 농사를 마치고 난 뒤, 버려져 있는 밭에서나 만날 수 있다.

담배 농사에 얽힌 어린 시절 추억은 진득진득한 진액으로 인해 유쾌하질 않다. 이른 봄, 일요일이면 담배 모종을 심어야 했다. 구덩이를 파고 모종을 넣고 흙으로 덮었다. 담뱃잎이 조금 더 크면 순을 쳐야 한다. 넓적한 잎사귀 사이에 난 조그만 순을 치고 꽃대도 따서 거름이 되게 밭고랑에 버린다. 꽃이 피기도 전에 잎을 위해서 희생되는 것이다.

담배꽃

한창 꽃 필 청춘 시기에 희생된 큰아버지가 계신다. 아버지는 공부를 안 가르쳤어도 맏이인 큰아버지는 사범학교에 다니셨다. 그러다가 의용군으로 끌려가셨다. 큰아버지가 들고 다니시던 카키색 가방과 소리 나는 필통은 주인 생사는 몰라도 아버지는 오랫동안 보관하셨다.

담배는 한여름에 수확했다. 잎에 샘털이 밀생하여 끈적끈적하다. 잎사귀가 무성한 밭고랑에 들어갔다 나온 아버지의 옷은 찐득찐득한 담뱃진 범벅이었다. 이글거리는 태양의 열기에 땀으로 흥건한데다 새카맣고 찐득하니 얼마나 힘이 드셨을까. 칠월에 심녹색에서 담황색으로 변하고 끝이 밑으로 처질 무렵 따는데 성숙기가 각기 다르므로 여러 번에 걸쳐 채취한다. 담뱃순은 쳤어도 담뱃잎 따는 것은 어린 자식들에게는 시키지 않으셨다.

요즘은 기계로 말리지만 어릴 적에는 수수깡에다 진흙을 발라 지은 건조장에서 말렸다. 무더운 여름날 잎을 따고 건조하는 과정 모두가 사람의 손이 수십 번은 가야 끝나는 것이 담배 농사이다.

한여름 삼복더위에 수확한 무거운 담뱃잎. 여자들은 새끼줄에 하나하나 꼬아 끼웠다. 남자들은 길게 엮은 담뱃발을 한중막보다 더 더운 건조실 천장에서부터 차례로 묶어 내려온다.

그날부터 아버지는 건조실 아궁이에 석탄을 물에 개어 불을 땐다. 사나흘 꼬박 새워가며 불을 조절하여 담뱃잎을 익힌다. 며칠 후 건조한 잎은 노랑과 주황 중간색이 된다.

여름방학이면 담배 조리를 했다. 늦잠을 자고 싶고 놀고도 싶은데 일하라고 자꾸만 부르니 담배 농사가 싫었다. 말려서 뭉쳐놓은 잎사귀를 털어서 떼어내라고 시킨다. 삼복더위에 담배를 흔들다 보면 먼지가 날려 땀이 난 몸에 달라붙는다. 품앗이로 조리를 하는 아주머니들은 떨어뜨려 놓은 담뱃잎을 크기별로 색깔별로 손가락 두 마디만큼 묶는다. 이 묶음을 다시 정사각형 모양으로 모았다가 궤짝에 넣고 밟아 큰 뭉치로 만들었다.

그렇게 고생하며 내 자식은 좀더 나은 삶을 살기를 바라면서 담배와 고추 농사로 젊은 청춘 다 바친 부모님. 가격이 들쭉날쭉한 농산물, 거기다 판로가 막막한데, 담배는 전매청(현 한국담배인삼공사)에서 수매해 가니 힘은 들지만, 소작농이 목돈을 만질 수 있는 전매 작물이다.

담배꽃

채송화 씨보다 더 작은 알갱이, 미미한 짙은 갈색의 담배 씨앗이 잎은 제일 크게 키워냈다. 어찌 보면 내가 이만큼 성장하게 키워 준 부모님 같다.
　담뱃잎은 담배의 주원료가 된다. 아버지는 건조실에서 나온 잎을 잘게 썰어서 종이에 말아 피거나 곰방대에 넣어서 피우셨다. 바쁜 농사철에 잠깐 일손 놓고 한 대 피우며 무슨 생각을 하셨을까. 젊은 시절 헤어져 만나는 건 고사하고 생사를 모르는 형님의 안부를 궁금해했을까. 어떻게 하면 육 남매를 반듯하고 남부럽지 않게 키울지 고심하셨을까.
　나희덕 시인은 담배꽃을 버려지지 않고는 피어날 수 없는 꽃이라고 했다.

　　　주인이 버리고 간 어느 밭고랑에서/ 마흔이 가까워서야 담배
　　꽃의 아름다움을 알았다. 하지夏至도 지난 여름날// 뙤약볕 아
　　래 드문드문 피어 있는/ 버려지지 않고는 피어날 수 없는 꽃을
　　　　　　　　　　　　　　　— 나희덕의 「담배꽃을 본 것은」 일부

　시인은 마흔이 다 되어서 담배꽃을 보았다고 하는데, 나는 어릴 적에 보았다. 그때는 예쁘다고 생각해 본 적이 없었는데 지금 보

니 예쁘다.

 잎을 위해서 잘린 꽃대일지라도 잎을 다 떨군 뒤에는 꽃대를 올려 꽃을 피우거나 버려진 밭에서 띄엄띄엄 피어 있다. 식물이 꽃을 피우는 데는 엄청난 에너지를 소모한다고 한다. 꽃을 피워 열매를 맺고 다음 대를 대비한다.

 꽃은 맺었으나 제 몫을 다 못하고 밭고랑에서 시들어가는 담배꽃. 인생에 꽃을 피우지 못하고 농사일만 하시다 가신 아버지 같은 꽃이다. 형에게 밀려 교육을 제대로 받지 못해 한평생 농사일로 뼈 빠지게 일한 당신은 결국 잎을 위해 밭고랑에 버려진 담배꽃이 아니었을까. 담배꽃을 보니 끈끈한 진액이 묻은 옷으로 묵묵히 일만 하시던 아버지가 그립다.

대청부채는
잠꾸러기

　멸종 위기 야생 식물 2급이 우리 집 가까운 곳에 있다. 가장 더운 8월 한낮, 지인이 꽃을 보러 가자고 이끈 곳은 내가 자주 운동하는 무심천 둑이다. 집에서 무심천 쪽으로 자주 걷고, 가끔 양궁장 방면으로 걷는데, 양궁장 쪽 천변 둑에 있다. 땀을 뻘뻘 흘리며 길섶을 훑다가 발견한 꽃은 몽우리 상태. 뜨거운 햇빛을 피할 곳도 없이 길에 서서 꽃 피기를 기다린다.

　오후 3시에 핀다는데 꿈쩍도 하지 않는다. 두 군데 있어 저쪽은 피었나 갔다가 다시 이쪽 꽃이 궁금하여 왔다갔다하다 보니 3시 30분경 조금씩 몽우리가 벌어진다. 꽃 피는 순간을 동영상으로 찍으려고 기다리다 보니 인내심에 한계가 있다. 같은 자리라도 옆에 몽우리가 폈나 보는 사이 왼쪽 꽃이 어느새 펴 있다. 내면에 힘을 잔뜩 주고 있다가 어느 순간 폭발하듯이 순식간에 핀다. 팝콘 터지듯 팡팡 피는 꽃을 동영상으로 다시 보면서도 신기하다. 조금 더 있으면 더 활짝 핀 꽃을 볼 수도 있겠는데, 더위에 몸이 지칠 대로 지쳤다.

대청부채

 왜 하필 그 더운 날, 최고로 더운 시간에 필까? 대청부채와 범부채는 염색체 수가 같아서 인공적으로 교배하면 교잡종이 생길 수 있어서 범부채가 오전 7~11시에, 대청부채는 오후 3~7시에 꽃을 피워 막는다고 한다. 오후 3~4시쯤 개화해 밤 9~10시쯤 오므라드는 특징이 있어 '신비의 꽃', '오후 3시의 꽃', '생물 시계' 등으로도 불린다. 식물이지만 참 지혜롭다.

 대청부채를 보겠다고 한참을 마음만 먹고 있다가 오늘은 기필코 보리라 저녁나절 갔다. 설마? 했더니 풀을 다 깎아 놓았다. 산책길 주변만 깎은 게 아니라 둔덕까지 다 깎아 대청부채는 어디에

대청부채

도 없었다. 혹시 몽우리라도 하나 흘린 게 있을까, 씨앗이라고 어디 있을지 둘러보아도 없다.

내년에 또 볼 수 있을까. 울먹거리며 중얼거리는 나를 같이 간 아들이 슬쩍 바라본다. 9월 초인데, 추석맞이 풀베기라면 아직도 이십여 일이나 남았는데…. 노란빛이 도는 열매도 보고 검은 날개가 있는 씨앗도 궁금했는데 아쉽다.

올해는 대청부채꽃 안부가 궁금하여 아직 새싹이 나올 무렵이지만 무심천 둑을 헤매고 있다.

개망초

 앙증맞은 텃밭이다. 가지, 풋고추, 방울토마토가 탐스럽고 양배추와 갖가지 푸성귀들이 다붓다붓 자라고 있다.
 오늘 봉사하는 고등학생들이 할일은 잡초를 뽑는 일이다. 기말고사를 숨가쁘게 치르고 일 년에 두 번 하는 봉사 활동이다. 기숙사에만 있던 아이들이 딱해 바깥공기라도 쏘이라고 교외로 봉사 장소를 정했지만, 공부에 지친 아이들은 차 안에서 잠만 잤다.
 여기는 대안학교이다. 장애 학생들이 공부하는 곳이라 밭을 가꾸기에는 벅찰 것 같았다. 교장 선생님은 텃밭 가장자리의 무성한 개망초는 내버려 두라고 말씀하셨다. 그러고 보니 밭 대부분은 개

개망초

모 임 득
포토 에세이
시간의 바깥

개망초

망초가 다 점령하고 가운데만 겨우 잡초를 제거한 꼴이다.
　공부만 했던 아이들은 개망초를 몰랐다.
　"꼭 계란프라이를 해 놓은 것 같지 않니? 그래서 계란 꽃이라고도 해."
　상기된 채 꽃에 관해 설명하지만 통 관심이 없다.
　비가 온 뒤끝이라 잡초는 잘 뽑혔지만, 뿌리에 붙어 있는 큰 흙덩이를 아이들은 조금씩 손으로 떼어 내고 있다. 햇볕이 더 뜨겁기 전에 얼른 정해진 분량의 잡초를 제거해야 하는데, 속이 타는 것은 인솔자인 나뿐이다.

　나물로도 먹는 개망초를 누가 잡초라고 했을까. 잡초란 인간이 원하지 않는 곳에서 자라는 식물일 뿐이다. 만일 원하지 않는 곳에서 원하는 곳으로 옮겨준다면 잡초를 나물이나 약초로 바꿔주는 일이 될 것이다.

토킬의 '민들레 모델'이 생각난다. 자폐를 장애로 바라보는 시각에서 차별화된 경쟁력으로 주목하는 사고의 전환. 토킬은 자폐인들이 가장 잘할 수 있는 위치로 옮겨주는 이 여정을 '민들레 모델'이라고 하였다.

이곳 대안학교 학생들도 보면 어떤 영역에서는 부족할지 몰라도 특정 영역에서는 천재일 수도 있다. 아스퍼거 증후군, 서번트 증후군, 자폐 등이 있는 학생들에게 음악이나 그림 같은 예술적 능력을 키워주면, 그 분야에서는 타의 추종을 불허한다. 일상에서 관계와 소통에 어려움을 겪는 아이들을 기술적 기량으로 키워주는 일이 이곳 대안학교에서 하는 일이다. 헌신과 봉사로 최선을 다하는 교장 선생님을 예전부터 보아 왔기 때문에 고등학생인 아들의 봉사활동도 이곳으로 자주 왔었다.

개망초는 그 매력이 은근하다. 수수하면서도 곱다. 꽃이 지천인 밭에 바람이 선들거리면, 그 바람결을 타고 춤을 춘다.

장미 같은 화려함이나 산언저리에 핀 산국처럼 진한 향은 없지만, 바람에 건들거리는 모습을 보면, 나 여기 있다고 나직한 목소리로 노래하는 것 같다. 똑같은 교복과 짧은 머리를 한 여러 학생 중에서 스펙 좋고, 공부 잘하고, 배경 좋아서 눈에 띄는 학생이 아니다. 고만고만한 집에서 태어나 밤잠 안 자고 혼자 부지런히 공부밖에 할 줄 모르는, 있는 듯 없는 듯 눈에 띄지 않는 내 아이와 같은 꽃이다.

배경 좋은 아버지면 그것으로 충분하다. 굳이 어머니가 뭐하는지 잘 묻지 않는다. 그러나 어머니가 일하면, 아빠는 뭐하는지가 궁금한 사회이다. 그래서 종종 난처한 경우가 있다.

아이가 어떤 장점이 있고 어떤 일에 탁월한 능력이 있는가보다 부모가 어떤 사람이고, 어떤 학교를 나왔는지가 더 우선시됨으로써 초반부터 균등한 기회가 주어지질 않는 것이다.

같은 흰색 꽃이라고 똑같은 꽃이 아니다. 비닐하우스에서 온도와 습도 맞추어 애지중지 길러낸 안개꽃과 조그만 틈만 있어도 비집고 꽃대 올려야 하는 개망초꽃하고는 성장의 과정부터가 다른 것이다.

설렁설렁 풀을 뽑던 아이들에게 달팽이가 잡혔다. 신기한 구경거리다. 예전에는 노력만 하면 개천에서도 용이 날 수 있었다. 저 아이들은 몇 배 노력을 해도 들어갈 문은 좁고도 좁다. 그러니 열심히 하는 공부는 기본이고, 자신의 잠재 능력을 키우기보다는 봉사활동 등 다양한 스펙을 쌓는 데 시간 대부분을 할애한다. 화려한 스펙을 요구하는 현실이니 안타깝지만 바라볼 수밖에 없다. 기왕 해야 한다면, 단순히 스펙을 위한 활동보다는 장기적인 관점에서 무엇이 진정으로 자신을 위한 것인지를 파악하고, 자신을 다듬어가는 과정이 되길 바랄 뿐이다.

부족한 부모를 원망하지 않고 주어진 일에 최선을 다하는 아들처럼, 열악한 환경을 탓하지 않고 적응하며 꽃을 피우는 개망초를 보고 있자니 마음이 애잔해진다.

개망초꽃은 두 해만 살다 가는 꽃이다. 작고 존재감 없는 소박한 꽃이어서 눈에 띄지도 않는다. 버려진 땅에, 희망을 놓아버린 땅에 지천으로 피어 다른 희망의 모습을 만든다.

부모가 좀 부족하고 스펙이 많지 않아도, 열심히 공부하고 땀 흘리다 보면 제 능력을 발휘할 날이 올 것이다. 개망초의 꽃말처럼 가까이 있는 사람은 행복하게 해 주고, 멀리 있는 사람들마저도 가까이 다가오게 할 수 있으리라.

어느새 텃밭이 환해졌다. 밭 가장자리에 흐드러지게 핀 개망초도 환해졌다.

금빛
비단 주머니를
닮은 꽃

 꽃 모양이 특이하다. 꽃봉오리일 때는 하트 모양이다가 하트형의 꽃잎 사이로 희고도 붉은 또 다른 꽃잎이 늘어져 나온다.
 봄과 여름 사이, 고운 담홍색 꽃이 주렁주렁 달렸다. 금빛 비단 주머니 모양을 닮아 금낭화라 불리는 이 식물은 꽃차례가 활처럼 굽으며 꽃을 한쪽으로 치우쳐서 주렁주렁 달린다. 금낭화는 4개의 꽃잎이 서로 색깔을 달리하면서 피어 있는 모습이 양 갈래머리 한 소녀 같다. '당신을 따라가겠어요' 꽃말처럼 꽃이 일렬로 줄을 맞춰 핀다. 조잘대며 수다를 떠는 자매들 같다. 꽃줄기에 꽃이 여러 송이 피는 식물의 경우 원줄기와 연결된 곳에 먼저 꽃이 피기

금낭화

때문에 꽃줄기의 가장 끝에 달린 꽃이 가장 어린 꽃이다.

 꽃의 아름다움을 하늘 위로 뽐내는 것이 아니라 땅을 향해 고개를 숙여 핀다. 거기다가 일정한 간격으로 피니 겸손과 삶의 질서를 깨우친 꽃인가 싶다.

 주렁주렁 꽃 달고 꽃가지가 휘어져도 비바람을 견뎌낸다. 낭창낭창한 꽃대에 붉은 꽃을 매달고 흔들린다. 빗물 머금은 꽃이 애달프다. 육 남매를 키워주신 엄마가 생각난다.

조선의
시간을
느끼다

    범부채꽃이 눈길을 끈다. 고택 초입에 적당히 늘어진 능소화꽃은 대문과 잘 어울린다. 돌담으로 둘러싸인 입구의 한옥 풍경에 감탄이 절로 나온다.

    대문을 넘으면 마당 한쪽에 백일홍, 나리꽃, 백합이 눈길을 끈다. 백일홍도 키 작은 꽃이 아닌 어렸을 적 보았던 키가 큰 꽃이다.

    초가집과 기와가 공존하는 고즈넉한 고택, 고선재를 찾았다. 오랜 세월의 흔적이 고스란히 묻어나는 고택은 입구에서부터 아늑하면서도 고풍스러운 멋을 자아낸다.

    청주 고은리 주택으로 불리는 고선재는 조선 철종 12년(1861)

에 지어져 국가 민속 문화재 제133호로 지정, 관리를 받고 있다. 어제 모습들을 세월만 건너뛰어 보여주는 느낌이다. 오늘은 고택에서 조선의 시간을 느껴보고 싶다.

백 년이 넘게 한자리를 지켜온 기와집과 초가집. 비록 집은 수리를 하여 변하였어도 땅은 변함없이 그 자리에 있고, 사람만이 집을 이어받고 있다.

능소화

사장님은 5대째 이곳에서 나고 자란 토박이다. 미술을 전공하였다는 부부. 감각적인 스타일이 멋지다. 사모님은 양 갈래머리를 땋았다. 사람을 좋아하는 것 같아서 다행이다. 고택을 구경하러 시도 때도 없이 오는 관람객들 때문에 늘 긴장 상태로 있어야 할 것 같아서다.

대청마루에 앉아 차를 마신다. 다기에 정갈하게 놓인 녹차를 우려 마시며 우리의 수다는 끊이지 않는다. 조곤조곤 정성스럽게 말하는 사모님 이야기를 들으며 고택에 대한 애정을 느낀다.

청주 고은리 주택의 또 다른 이름인 고선재는 많이 베푸는 집이라는 뜻이다. 넓은 땅을 팔지 않고 지금껏 고선재를 지키고 있단다. 표시도 나지 않지만, 부부가 날마다 청소를 몇 시간씩 한다고.

대청마루에 앉아 쉬었다 가라고 해도 미안해서인지 관람객들이 주저해서 찻집을 운영한다. 비 오는 날 다시 와서 쌍화차 한 잔 마시며 대청마루에 앉아 비 오는 고택 풍경을 보고 싶다. 게스트하우스도 운영한단다. 처음에는 외국인들만 받다가 코로나 시국이 되면서 내국인도 하룻밤 잘 수 있다.

문살도 화려하지 않지만, 삼중으로 되어 있다. 창호지 문을 열고 들어간 방에서 등 만들기 체험이 이루어졌다. 한지를 자유자재로 찢어서 운용지에 붙이고 등살에 입힌다. 색색의 한지를 만지며 심란했던 마음이 사라졌다.

심리학자 김경일 교수 강연이 생각난다. "행복과 만족은 크기가 아니라 '빈도'다." 시련은 자주 오기 때문에 행복을 자주 느껴야 한단다. 여기서 행복은 누구랑 수다를 떨든가, 누구랑 음식을 먹든가, 하는 아주 작은 경험이다. 사소한 행복은 기록되고 행복을 꺼내 볼 수 있는 일들이 존재한다. 기록된 행복들이 있어야 학생은 책 첫 장을 넘기고, 첫걸음마를 떼고, 장사하는 사람은 가게 문을 열게 만드는 힘이 생긴다고 하니, 나도 오늘 등을 만들며 행복을 기록하고 있다.

　제멋대로 색색의 종이를 찢어 붙였다. 사람이 제각각이듯 모양도 다 다르다. 풀로 붙여 완성된 등에 전구를 밝히자 탄성이 나온다. 이런 프로그램을 얘기해 준 지인이 무척이나 고마웠다. 일정을 다 무시하고 바람 쐬러 나온 길. 고택의 대청마루에 앉아 서까래를 보고 대문 역할을 하는 솟을문을 보고 마당에 피어 있는 백일홍과 나리꽃을 보는 즐거움도 컸다.

　솟을문 옆에 줄기를 뻗은 능소화는 돌담과 잘 어울렸다. 사랑채 앞에 꽃들이 가득하다. 160여 년 된 안채를 제외한 사랑채와 나머지 건물들은 1930년대에 지어졌다. 일본식 풍 건물에 유리로 된 사랑채가 특이하다고 생각했었다. 볕 드는 툇마루에 앉아 여유를 즐기고 한옥의 냄새도 빛도 다 누려보고 싶다. 눈 내리는 날 뜨끈뜨끈한 사랑채 바닥에 누워보면 어떨까. 해넘이를 보고 별빛이 쏟아지는 풍경도 기대가 된다.

　조선 시대 고택에서 시간을 거슬러 자연스럽게 소소한 행복을 찾기에 딱 좋은 곳, 고선재다.

매미꽃

 매미꽃이 피었다는 소식을 듣고 우암산으로 향했다. 대현사 절 가기 전 계곡에 있다는 소리를 들어서 장화를 신어야 하나 걱정했는데, 포장도로가 나온다. 길가에 노랗게 핀 애기똥풀꽃. 그 너머 얕은 계곡에도 노란색이다.

 매미는 어디 있을까? 봄나비 꽃말처럼 노랑나비가 춤을 추는 듯한 매미꽃. 매미가 울 때쯤 핀다는데 올해는 빨리 피었다. 꽃에 반해 정신없이 사진을 담는데 지인이 올린 꽃 군락지와는 다르게 조금 피어 있다.

 송신소 부근에서 싸 간 나물밥으로 점심을 먹고 다시 찬찬히 내려갔다. 길가가 다 풀숲인데 한곳에 길이 나 있다. 왜 이곳에 길이 나 있을까? 이리저리 기웃거리다 보니 살풋 노란색이 보인다. 뱀 걱정도 없이 순식간에 내려가 보니 산 계곡 한쪽이 노랑 물결이다.

매미꽃

같은 양귀비과 식물이자 개화 시기가 같은 피나물과 꽃 색과 모양이 같고 다소 습한 계곡 주변에서 군락을 이루어 사니 구분하기가 쉽지 않다. 매미꽃은 잎과 꽃줄기가 뿌리에서 곧장 올라오나 피나물은 줄기를 내고 줄기에서 잎을 내어 잎겨드랑이에서 꽃줄기를 낸다.

한국 특산 식물인 매미꽃. 꽃잎 넷이 모여 아름다운 꽃 하나하나가 물결을 이루어 피었다. 매미 울음소리는 들리지 않고 계곡 물소리만 남겨두고 집으로 향한다.

제3부

병아리풀

빛
색깔
생명력의 삼중주

병아리풀

 해질녘 한 시간 차를 타고 가서 병아리풀을 마주했다. 이끼 낀 바위에 연둣빛 잎새, 보랏빛 꽃이 천지다. 가을로 가는 길목의 꽃들은 보랏빛이 많다. 고난을 상징하는 색깔이기도 하다. 얼마나 보고 싶었던가. 신비로운 모습에 황홀하다. 내 눈앞에 있는 많은 병아리풀. 땅바닥을 훑으며 어디에 있는가 찾던 꽃이 아니라 무더기로 일가를 이루고 있다. 감격에 겨워 할말을 잃었다. 오종종 모여 있는 병아리들의 앙증스러운 모습에 미소가 절로 지어진다.
 아주 작은 꽃이 참으로 신기하고 신비롭다. 아래에서 위로 올라가면서 꽃이 피는데, 꽃이 지고 나면 바로 씨앗이 달린다. 연둣빛 벼이삭처럼 길쭉하게 열매를 달고 있다. 아래쪽은 열매가 맺어지면서 위쪽은 또 새로운 꽃이 피어난다. 한해살이풀이라 열매를 맺으면서 끝까지 꽃을 피우는 병아리풀. 뒷배경에 이끼가 있어 어느 곳을 찍어도 작가가 찍은 사진 같다.

'자생지 보호'라는 간판이 있다. 옥천군에서 보호하고 있음이다. 그래서인지 바위지만 이끼가 제법 깔려 있고, 얇지만 흙도 폭신하다. 잎과 꽃 그 앉은 자태에서 여유로움이 풍긴다. 사진 찍기 위해 땅바닥에 엎드리지 않아도 된다. 원지과 식물인 병아리풀은 석회암 지대 비탈면 절개지처럼 돌조각과 흙이 섞인 토양이나, 석회암 암벽 경사면에 주로 자리를 잡는데, 그 특성을 잘 파악해 보호하고 있다.

여러 송이가 모여 있는 이곳과는 달리 상당산성에서 만난 아이는 띄엄띄엄 한 송이씩 딱 세 송이 피어 있다. 일가도 이루지 못하고 홀로 얼마나 외로울까. 여리여리 외로워 보인다. 작년까지만 해도 더 많이 피어 있었는데 개체수가 줄어들었나 보다. 생존 전략인지 최대한 몸집을 낮추어 눈 크게 뜨고 보지 않으면 보이지도 않는 모습을 인간들은 잘도 찾아 밟고 뽑아 가기까지 한다. 예쁜 모습 오래 볼 수 있게 잘 보존해 주어야 할 텐데.

산성 낭떠러지 길이다. 메마른 흙속을 비집고 척박한 바위틈에

병아리풀

피어 있다. 풀 깎을때 잘린 키 큰 풀과 달리 그나마 너무 작아서 살아 있어 다행이다.

눈을 크게 뜨지 않으면 돌 틈이나 풀숲에 숨어 있는 병아리풀은 존재를 쉽게 드러내지 않는다. 누워도 보고 엎드려 봐도 병아리는 좀처럼 그 모습을 쉽사리 보여주지 않는다. 눈 맞춤하려고 누웠다가 등산객들이 쓰러진 줄 오해했다고도 한다. 그만큼 쪼그마해 담기 힘든 귀한 꽃이다.

엎드리든지 아예 쪼그리고 앉아 초점이 맞기를 기다린다. 카메라도 없이 휴대전화 사진으로 확대해 본다. 사진이 잘 나오길 바

병아리풀

라는 간절한 열망으로 숨까지 참으며 기다린다. 특히 바람이 많이 부는 날에는 너무 흔들려서 카메라에 담기가 쉽지 않다. 어쩌다 초점이 맞아 선명한 사진이 나오면 좋아서 환호성 친다.

  나는 사진 찍으면서도 있는 그대로의 모습 자체를 담으려고 노력한다. 꽃이 얼마나 예쁜지 담아도 또 담아도 미련이 남는다. 땀이 비 오듯 흘러도 힘든 줄 모르는 게 꽃 보는 일이다.

  꼬물꼬물 올라오는 아이들, 앙증앙증 귀엽고 사랑스럽다. 보랏빛 벌어진 입에는 노란 구슬이 물려 있다. 흰색, 보라색 꽃에 좁쌀이 들어 있는 듯 노랗다. 이 노란빛은 활짝 핀 맥문동 보라색 포 안에서도 보았다. 꽃받침 조각은 5개고 옆 갈래 조각은 꽃잎같이 생기며 옹골판은 끝이 솔처럼 잘게 갈라진다.

작은 꽃들 앞에는 수식어가 붙는다. 병아리풀, 병아리다리, 병아리난초처럼 키가 작아서 병아리라는 말이 붙여졌고 애기나리, 애기도라지, 애기고추나물, 애기괭이눈, 애기똥풀, 애기메꽃, 애기수염, 애기마름, 애기우산나물, 애기원추리, 애기풀, 애기와 같이 연약하다고 하여 붙여지기도 한다.

좀꿩의다리, 좀냉이, 좀개구리밥, 좀고추나무, 좀목형, 좀붓꽃, 좀비비추, 좀회양목 등이 있듯이 왜, 벼룩, 각시 등도 식물체가 작다는 말과 같은 뜻으로 쓰인다고 할 수 있다.

꽃진 자리는 어떨까 궁금했다. 한때 빛났을 병아리풀은 씨방이 여물어간다. 연둣빛 통통하던 열매는 색깔이 퇴색되어 간다. 열매는 10월경에 맺으며 편평한 원형이다. 흙색 씨앗으로 변해가다가 겨울이 되면 색이 바랜 채로 덤불 속에 있다.

볼수록 올망졸망 핀 꽃, 군에서 보호하는 병아리풀이 너무 부럽다. 청주시도 상당산성 야생화 보호에 노력해 주길 바라본다.

병아리풀 고 작은 꽃을 들여다보면서 느낀다. 꽃진 자리와 함께 모든 꽃은 우주를 품고 있다.

자주쓴풀

상당산성을 해찰하다 발견한 꽃, 낭떠러지 바위틈에 한 포기 외롭게 피어 있다. 자주색으로 산속을 물들이고 있다. 떨어질까 조심하면서 간신히 사진을 찍으니 가슴이 설렌다. 이름도 처음 들어보는 자주쓴풀이다. 여름의 긴 장마를 견디고 척박한 바위틈에서 예쁘게 피었다.

옛 성곽을 따라 한 자락 차지하고 핀 꽃. 쪽빛 하늘에 자줏빛 강렬한 꽃으로 가을이 환하다. 자주색이라 자주쓴풀이지만 개체마다 색상 차이는 있다.

조금 더 가다가 바위를 내려가자, 자주쓴풀이 풍성하다. 산 정

자주쓴풀

 상 바람 때문인지 작은 키로 바닥에 납작 엎드려 있다. 가슴에 단 브로치처럼 짙은 자주색이다.
 꽃술이 화려하다. 꽃을 카메라로 당겨보니 다섯 꽃잎 중앙에 큰 수술 주위로 털들이 무성하다.
 짙은 자주색 다섯 개 꽃잎이 꼭 별을 닮았다.

고만고만한
고마리

 어쩌면 이리도 고울까. 꽃을 찾으러 다닐 때는 보여주지 않다가 뒤늦게 꽃을 피워 눈길을 끈다. 봄부터 잎을 만들지만, 가을이 되어서야 꽃을 피운다. 곱디고운 꽃. 작아도 꽃이다. 꽃으로서 갖출 것은 다 갖추었다. 고만이, 고만잇대, 고마리라고도 한다. 꽃이 고만고만하여 '고만이'라고 부르다가 발음의 편리상 '고마리'가 되었다는 설과 질소와 인이 많이 들어 있어 물을 깨끗하게 하는 고마운 이에서 고마리가 되었다는 설도 있다.
 활짝 핀 꽃이 보고 싶어 다시 찾은 자연마당은 발길을 떼어 놓을 때마다 메뚜기가 부산스럽다. 파란 하늘 아래 억새가 바람에 나부

고마리

낀다. 가을이 깊어지면서 도랑 가득 핀 고마리꽃 무리 속으로 천천히 산책하는 사람들이 더없이 평화로워 보인다.

  색이 바래지는 느티나무 아래 고마리를 찾아갔다. 그사이 고마리는 부쩍 개체수가 줄었다. 오리 떼가 옆에서 유유히 헤엄친다. 부리를 연신 물속에 넣었다 뺐다 하는 것으로 봐서 먹이 활동을 하는 것 같다. 무엇을 먹고 있을까. 논 속에는 잠자리, 장구애비, 꼬마물방개, 옆새우, 미꾸라지, 우렁이, 송장헤엄 지게 등 수많은 수서 생물이 살고 있어 새들이 날아와 먹이 활동을 한다고 한다.

  묵논은 오래 내버려 두어 거칠어진 논을 말한다. 무논은 물이 괴어 있는 논을 말하는데, 이곳 자연마당은 묵논을 무논 상태로 둔 곳이다. 한창 가뭄이 심할 때 이곳 논은 물이 점점 줄어들고 있었다. 급기야 바닥을 드러내자 새카맣게 보이던 올챙이가 걱정되었다. 무논 옆 개천에도 물이 말라서 물꼬 역할을 못 하니, 쩍쩍 갈라져 애를 태우던 논이 지금은 풀과 꽃이 자라고 오리와 새들도 드나든다.

그때는 보이지도 않고 걱정하지도 않았던 고마리가 꽃을 피웠다. 고마리는 마디풀과로 전국의 도랑이나 물가에서 무리 지어 흔하게 자란다.

시골 살 적 둑 아래 개천에 풀이 무성하였다. 풀을 먹는 염소도 이 풀은 먹지를 않아 쓸모없는 풀인가 했다. 가을이 되자 어느새 빨갛고 하얗게 꽃을 피웠다. 가지 끝에 10~20개씩 뭉쳐 달려 핀

다. 귀찮을 정도로, 지천으로 널려 있던 풀이 꽃이 되었다.

 가까이 가서 보면 더 귀엽다. 초록색 잎새 위에 하얀색 쌀처럼 모여서 피고 끝에는 입술연지를 바른 듯 발갛다. 활짝 핀 꽃을 보고 싶었는데 몇 개만 몽우리를 벌리어 흰색 수술을 드러내 놓고 있다.

 분홍, 하얀, 붉은빛으로 작고 귀엽게 피어나는 고마리꽃은 보기에는 작아도 수질 정화 능력이 뛰어난 덩굴성 한해살이풀이다. 연약한 줄기를 가지고 있는 고마리는 살랑 부는 바람에 쓰러질 듯 위태롭다. 그러나 자기 몸집의 서너 배나 되는 뿌리를 갖고 있다. 오염이 심한 곳일수록 뿌리가 더 잘 발달한다. 물속으로 뻗은 무성한 뿌리를 이용해서 생활하수나 온갖 더러운 물을 정화한다. 뿌리가 습지에서 발달하여 물과 함께 오염 물질을 흡수하는 수질 정화 식물이라는 것을 알고 고마리 군락을 보니 마음조차 정화되는 듯하다. 손톱보다 작은 식물이 환경을 정화하고 때로는 우리 마음을 정화하기도 하니 기특하다.

 개울에서 무성하게 자라고 더러운 곳에서 자라 귀찮은 풀로 여겨왔는데 물 흐르는 곳이면 뿌리를 내린다. 오염된 물을 정화해 주는 고마운 야생화처럼, 우리 사회에도 고마운 이웃들이 많아지길 기다려 본다.

고마리

관심 없이 그저 스쳐가면 예쁜지 모르고 지나치는 꽃. 무논 가장자리에 핀 고만고만한 꽃들이 묵묵히 자기 할일을 하니, 세상을 밝히는 사람을 보는 것 같아 대견하다. 앙증맞은 고마리꽃이 세상을 정화하는 이 가을, 고마운 이들을 떠올려 본다. 고마리꽃만큼이나 많이 생각나서 다행이다. 무엇이든 느지막이 이루는 나는 누군가에게 든든하고 고마운 사람일까?

땅에 핀 별꽃들. 저 작은 고마리 속에 존재하는 모든 것은 가치가 있다. 알고 보면 아무 이유 없이 태어나는 것이 없고, 세상에 존재하는 모든 것은 허투루 된 것이 없다. 무시해도 괜찮은 것은 단 하나도 없는 것 같다.

다른 꽃들 봄에 피어 사랑받을 때
묵묵히 있다가 가을을 밝히는 고마리.
사는 게 늘 고만고만한 것 같아
시시하다고 느낄 때면
고마리를 생각해 볼 일이다.

피뿌리풀

뿌리의 색이 피처럼 붉어서 피뿌리풀이라고 부른다. 뚜껑별꽃처럼 제주도 특산 식물인 피뿌리풀이 멸종 위기종으로 분류되고 있다. 무분별한 채취로 많은 식물이 위기를 맞고 있다. 야생화의 아름다움까지도 개인의 소유물로, 돈벌이 수단으로 생각하니 안타깝다.

5월 초 비 오는 날 우비를 입고 개인이 운영하는 식물원에 갔는데 생각지도 않게 마주했다. 너무 아름다워서 와~~ 탄성만 질렀다. 붉은 꽃망울과 함께 꽃이 주는 강렬함 때문에 처음 보고 반했다. 보러 간 광릉요강꽃은 져서 아쉬웠는데, 생각지도 않게 피뿌리풀을 보게 돼서 다행이다. 자생지인 제주도에 가도 보기 힘든 꽃이니, 심어놓은 꽃이면 어떠하리.

피뿌리풀

줄기 끝에 10~40개 작은 꽃들이 둥글고 촘촘하게 달린 모습은 마치 붉은색 꽃다발처럼 보여 정말 매력적이다. 붉은색과 흰색의 조화가 일품이다. 꽃이 10~40여 개가 모여 피므로 커다란 꽃다발처럼 보인다.

피뿌리풀은 여러해살이풀로 꽃잎을 열기 전에는 붉은색 꽃망울이다. 시간이 흐르면서 붉은 꽃망울은 흰색의 꽃잎을 유감없이 열어젖힌다. 그러고는 서서히 흰색의 꽃잎은 분홍색이나 선홍색 핏빛이 된다. 설레는 내 마음처럼.

둥근잎꿩의비름

부처가 없는 불당이 있다. 암자인데 부처님이 안 계신다고? 의문을 품고 법당 문을 열고 들어가니 불상이 없다. 불상 앞에 앉아 정면에 설치된 유리창을 통해 사불산 정상에 있는 사면석불을 향해 참배한다. 유리창 너머 산꼭대기에 사불암이란 바위가 있는데 그 바위 위의 사면에 부처님이 새겨진 부도 석불이 있다. 동과 서는 좌상, 남과 북은 입상의 형태를 띠고 있다. 하늘에서 떨어진 사불 부처님 사면석불을 모시기 위해 사불전을 세워 모시게 된 것이라 한다.

사불전을 돌아가니 기와 담장에 꽃이 피어 있다. 둥근잎꿩의비

둥근잎꿩의비름

름과 눈이 마주쳤다. 몇몇 곳에서만 자생하는 흔하지 않은 가을 들꽃이다. 단풍이 들면서 꽃이 필 때 가장 화려한 자태를 볼 수 있다. 진작 오고 싶었지만 거리가 먼 탓에 미루다 왔더니 절정의 때를 지나치는 중이다. 그래도 처음으로 군락지를 마주하니 배고픔도 잊고 해죽 웃는다.

누가 둥근잎꿩의비름을 귀한 꽃이라고 했던가. 개체수가 적어 환경부가 멸종 위기 식물로 지정했다가 얼마 전에 해제한 꽃인데 이 절에는 꽃멀미가 날 정도로 많다.

암자 초입에서도 바위에 핀 꽃이 있다. 오돌오돌 앙증맞은 작

둥근잎꿩의비름

모 임 득
포토 에세이
시간의 바깥

은 꽃들이 모여 있다. 탄성을 지르며 안쪽으로 들어가니 축대 사이 계곡이 온통 울긋불긋하다. 계곡 옆 바위는 뒷배경이 되어 꽃을 더 돋보이게 한다.

홍자색 꽃빛만큼이나 둥근 잎이 두툼하다. 예쁜 잎을 가지런히 늘어뜨린 채 계곡 바위틈에서 바람에 쉴 새 없이 흔들린다. 어찌나 고운지 척박한 환경에서 피어나는 모습은 그들의 아름다움을 배가되게 한다.

둥근잎꿩의비름의 생존 전략은 비가 오거나 물안개가 피어날 때 다육질의 두툼한 잎과 줄기에 물을 잔뜩 저장해 두고 조금씩 아껴 쓴다. 그렇게 가뭄은 버티지만, 인간의 어리석은 탐욕은 이겨내기 쉽지 않다. 등산로 주변 사람의 손길이 닿는 곳에서는 찾아보기가 힘들다.

집 가까운 산성을 자주 찾다가 등산로 옆 바위에서 둥근잎꿩의비름을 보고 한눈에 반했다. 제대로 크지도 못한 두 송이가 피었다. 처음 눈맞춤하고 생각할수록 미소가 지어졌다. 자연의 힘이 대단하다. 한 송이 야생화로 인해 마음이 평온해졌다. 그 후 산성 가는 발걸음이 잦았다. 운동보다는 꽃을 보는 재미가 쏠쏠했다.

올해는 바위에서 떨어지려고 해서 야생화 동인들이 이끼도 붙이고 물도 주면서 돌보고 있다고 하여 꽃을 볼 생각에 가슴이 두

근거렸다. 그랬는데 꽃이 피기도 전에 잎을 뿌리째 다 뽑아가고 없다. 허탈함에 모두 할말을 잃었다. 난 눈물까지 나려고 했다. 자연은 자연 그대로 둘 때가 가장 자연스럽고 아름답다. 둥근잎꿩의비름이 물을 몸속에 저장해 두고 조금씩 아껴 쓰듯이 귀한 꽃일수록 탐을 내기보다는 보호하고 아낄 줄 아는 지혜가 못내 아쉽다.

절 전체에 핀 꽃들은 한창 피어 있는 꽃도 있고 시들어 열매를 매단 꽃도 있다. 열매를 맺어야 하는 가을이다. 화려하게 핀 꽃들도 이별이 가까운 계절. 나무를 가렸던 무성했던 잎과 꽃들이 가을바람에 모두 떨어지면 온몸을 드러내야 하는 체로금풍體露金風의 계절이다. 나무가 마르고 잎이 다 드러날 때는 어떤지 우리 마음의 번뇌를 묻자. 간명하게 답을 주는 일자선一字禪으로 유명한 운문 선사의 답은 한마디로 체로금풍이다.

가을바람이 불면 모든 게 다 드러나는 거야.

화려한 잎과 꽃에 가려졌던 나목의 본래 모습, 진면목이 드러난다는 깨우침이다.

내려놓아야 할 때 내려놓을 줄 알아야 한다. 변화에 맞게 살아가는 삶. 내가 가지고 있는 가지와 잎들은 얼마나 많을까? 이제껏

애써 가지려고 아등바등했다. 가리고 꾸미고 있는 모든 것이 다 떨어졌을 때 내 모습을 보자. 있는 것 툴툴 버리고 본래의 모습으로 살고 싶다.

산성에서 꽃이 피기도 전에 뽑아간 이도 욕심을 부려서다. 때가 되면 비워야 하는데 움켜만 쥐고 있다. 돌아갈 채비를 하는 둥근잎꿩의비름을 보며 비움을 배운다.

타래난초 피는 여름

꽃이 참 묘하다. 선홍색 꽃이 강렬하게 피어 타래처럼 꼬여 달렸다. 죽 늘어선 꽃들이 가녀린 꽃대를 휘감으며 나선형 계단처럼 타고 오른다.

왜 비비 꼬였을까. 꽃을 보면 한쪽으로만 주르륵 나 있다. 그러면 아래 꽃들이 광합성을 못한다. 아래에 있는 꽃들이 빛을 받게끔 몸을 꼰 거라는데, 골고루 햇빛을 받게 하려는 놀라운 생존 전략이 아닐 수 없다.

꽃대를 나사 모양으로 감고 올라가면서 분홍빛과 흰빛이 적절하게 어우러진 꽃송이들은 흰색도 예쁘지만, 붉은색은 숨을 멈추게 할 만큼 강렬하다. 꽃 색은 자연이 스스로 표현하는 색. 인공적인 색과 구분된다. 우리는 매일 색을 보고 느끼며 살아간다. 뙤약볕이 내리쬐는 7월의 풀밭. 초록빛 천지에서 온몸 비틀어 마지막 한 방울의 색소까지 짜내서 낸 분홍빛은 환상적이다.

작년에 꽃 핀 곳에 네 번이나 갔다. 꽃 필 시기를 못 맞추는가 싶었는데, 식생이 변했는지 필 기미가 없다. 할 수 없이 부모산으로 갔다. '졌으면 어떡하나'는 기우였다. 봉분封墳 언저리 풀섶에 불쑥 솟은 가녀린 꽃대가 반긴다. 불볕더위에 온몸 비틀어 선홍색 꽃다발 선사하는 타래난초는 부모산 곳곳 산소에 피어 있다.

타래난초

꼬임 하나하나에 꽃이 피어 있다. 외로운 영혼의 넋이런가. 산소 주위에 많이 피니 망자의 간절함이 깊은가 보다. 망자가 한이 많아서 떠나지 못하고 108가지 번뇌를 꼬며 자손을 위해 복을 빌어 준 뒤 구천 길로 향한다는 전설이 있다. 실타래처럼 번뇌를 백팔 번 꼬고 또 꼰다. 보통 30~40개 정도 피는데 꽃이 108타래를 풀려면 3년 정도 걸린다. 타래처럼 꼬인 번뇌를 하나씩 하나씩 풀어내면서 연을 끊는 데 3년이 걸리는 거다.

타래난초의 출생은 신비롭다. 씨가 먼지처럼 작아서 '배젖'이 없다. 이웃 동냥젖의 도움을 받아야만 자랄 수 있는데 풀뿌리에 붙어사는 난균卵菌이 어미 역할을 한다. 균사체 방식으로 붙어서 자라는 아주 작은 식물. 더부살이로 연명하는 여린 난초인 셈이다. 기생하는 식물에 또 기생해서 겨우 살아남은, 귀해서 더 아름다운 꽃이다.

꽃이 작으니 잎도 아주 작다. 감고 올라가는 것처럼 보이지만 곧은줄기에 꽃만 나선형으로 핀다. 열매를 매단 꽃들도 많다. 타래난초는 씨앗을 엄청나게 많이 만든다. 밥알 크기의 작은 꽃 한 송이에서 수만 개의 씨앗을 만드는 것이 타래난초의 번성 비결이다.

살다 보면 인간관계가 얽힐 때가 있다. 엉킨 실타래를 무조건 풀려고 하지 말고 한 발 뒤로 물러서서 차분하게 응시한 뒤 실마

리를 잡든지 던져버리면 되는데 쉽게 못 버리며 산다. '망자의 꽃', '번뇌의 꽃'이라고도 하는 타래난초를 보며 두꺼운 나의 아상我相을 본다.

  한여름 강렬한 햇빛 속에서 당신을 위해서만 피는 꽃. 인생이 꼬였다 싶으면 타래난초를 보며 풀 일이다. 삶이 꼬일 때마다 쉽게 포기하고 주저앉기 쉬운 요즘. 꼬일 대로 꼬인 세상 번뇌가 실타래 풀리듯 술술 풀리면 좋겠다.

갈대
그리고
억새

　바람이 매섭다. 갑자기 추워진 날씨에 노랗게 핀 국화도 움츠리고 있는 듯하다. 국화차 석 잔을 받아든 우리는 원두막에 앉았다. 어쩌다 보니 가을 이맘때 일 년에 한 번 만나는 사이가 되었다. 향 좋은 차로 추위를 달래며 어제 만난 사이처럼 이야기를 이어간다. 십여 년이 넘는 만남에서 요즘은 삶과 꿈에 관한 이야기가 주다. 꿈만 꾸며 살기에는 현실이 각박하다.
　따끈한 차로 몸을 녹인 후 논두렁길을 걸었다. 오랜만에 걷는 산성 저수지이다. 산모롱이를 돌자, 눈앞이 아찔하다. 억새와 갈대가 양옆에 늘어서 있다. 가을바람에 춤추며 은빛 물결이 넘실

댄다.

긴 줄기로 군락을 이루는 억새와 갈대는 가을을 대표하는 또 하나의 식물이다. 그런데 생긴 모습이 비슷해서 헷갈리는 경우가 많은 것 같다. 은빛으로 빛나면 억새고 갈색이면서 머슴의 산발 머리 같으면 갈대라고 말해주곤 했다.

간혹 갈대와 억새에 대하여 왈가왈부하는 사람들을 보는데, 이곳에 오면 한눈에 식별할 수 있다. 누군가 마디로 구분한다고 알려준다. 마디? 그렇구나. 억새에 없는 마디가 갈대에는 있단다. 갈대의 줄기는 속이 비어 있다. 갈대는 '겨울이 되어도 떨어지지 않는 갈잎을 가지고 있는 대나무 닮은 풀'이란 뜻이다.

가을이면 갈대들이 무리 지어 바람이 부는 대로 허리를 휘청거리며 흔들리는 모습이 장관이다. 머리를 산발한 모습이 여자의 머리와 닮기도 했다. 갈대의 꽃은 갈색으로 어지럽게 나고 잎은 온통 초록색이며 가장자리가 덜 날카롭다. 억새의 꽃은 흰색으로 가지런하며 잎은 가운데 흰 맥이 있으며 가장자리가 베일 정도로 날카롭다.

바람에 흔들리는 것은 갈대만이 아니다. 달뿌리풀도 있고, 억새, 참억새, 물억새 등도 있다. 물가에 사는 물억새, 건조한 땅에서 사는 참억새. 일반적으로 억새라고 부르는 것은 참억새의 품종이다. 갈대는 강가나 습지 같은 물이 있는 곳에 살고 억새는 주로 산이나 들과 같은 건조한 곳에 산다고 하였는데, 간혹 물가에 사는 억새도 있다. 이는 억새와는 다른 물억새고 산이나 들에 서식하는 억새와 모양이 똑같다.

참억새, 고려 억새이다. '으악새'라고도 한다. 지난번에는 어떤 분이 "아 아~~으악새 슬피 우니~~"에서 으악새가 새인 줄 알았더니 억새더라고요? 하며 웃었다. 억새가 몸을 부딪치며 내는 소리를 참 멋지게 표현하였다.

억새는 자주 억새이다. 이삭 털은 자주색이며, 까락도 자주색이다. 자주 억새는 낯설지만, 이것 이름이 억새다.

'모든 잎이 꽃이 되는 가을은 두 번째 봄이다.'

─알베르 카뮈

세상의 부조리에 대해 역설한 카뮈가 낙엽의 아름다움을 이야기했다. 저 멀리 물든 나뭇잎들이 시나브로 떨어지고 은행나무는 옷을 벗고 묵상에 들어갔다. 서리와 첫눈을 맞고도 국화와 갈대 그리고 억새가 가을의 정취를 자아내고 있다.

석양에 물든 풍경이 점점 고즈넉해진다. 숨죽인 바람에 차분해

바람이 불어오니 갈대와 억새가 수런수런한다. 식물의 유연함은
거센 바람을 이겨내고 시간의 기다림은 하얗게 머리를 물들였다.

진 억새와 갈대, 상당산성 억새와 갈대 사이로 가을이 저문다. 이곳은 해가 뜰 무렵이면 아침 햇살이 번진 억새밭 풍경을, 해질녘에는 갈대 물결이 석양에 물든 모습을 감상할 수 있다. 해질녘 석양에 물든 갈대와 억새 물결이 자아내는 풍경은 꿈결 같은 기분에 들게 한다.

　석양을 등지고 서 있는 갈대와 억새의 가벼운 몸짓처럼 계절은 바뀌고 흐르는 시간 따라 내 몸도 마음도 점점 가벼워지고 있다. 11월도 가고 있다. 모든 것이 침묵한다. 산성 자연마당에 피어나던 고마리며 쥐방울덩굴이며 낙지다리 같은 것도 버릴 줄 안다. 영근 씨앗을 날리고 빈 줄기를 바람과 시간에 맡기며 풍장 한다.

　바람이 불어오니 갈대와 억새가 수런수런한다. 식물의 유연함은 거센 바람을 이겨내고 시간의 기다림은 하얗게 머리를 물들였다. 키 큰 무리가 허우적대는 것처럼 바람을 따라 일렁이는 꽃. 사실 피어났다고는 하나 꽃이 아니다. 열매가 익은 형태로 씨를 품은 보푸라기다. 식물 대부분이 바람을 잘 활용하지만, 갈대나 억새만큼 바람을 이용하는 식물도 없지 싶다. 갈대는 늦가을부터 추운 겨울 북풍을 이용해 씨앗을 날리는데 저수지가 얼수록 멀리 퍼뜨릴 수가 있다.

　우리는 갈대와 억새 사이에서 사진을 찍으며 여자의 마음은 갈대라고 하였는데 바람에 이리저리 나부끼는 모습을 보고 얘기했나? 억새는 억세서 억새라고 하였던가 하면서 웃었다. 세상을 살면서 억세게 사는 게 좋을지, 여리게 사는 게 좋을지 갑론을박했다. 우리는 이제껏 어떻게 살아왔을까 싶다. 우리 어머니들이 억세게 버티며 삶을 살아오셨다면 우리는 거친 세상을 여리여리 살지 않았을까?

갈대로 살았건 억새로 살았건 우리는 서로를 위로하고 챙겨주며 위안으로 삼았던 건 아닐까. 일 년 동안 열심히 산 삶을 위로받고 서로 치유해 준 만남일지 모른다. 아이들 초등학교 때부터 이어온 만남이지만 이야기 주제는 지금의 나다. 살면서 아픈 상처 '아프지 마' 서로를 꿰매준다. 갈대나 억새가 바람에 몸을 비비며 견디듯이 어여차 힘내서 일 년을 살아내고 다시 만나서 힘을 얻는다.

삶과 꿈 중간에 선 우리는 어떤 모습으로 비칠까. 초라하게 익어가는 내 인생이 뻑적지근하다. 바람이 불 때마다 춤을 추는 갈대와 억새가 된 기분이다. 세파에 흔들리지 않고 올곧게 한평생 살아야 하리. 바람에 몸을 뉘지만 절대 부러지지 않는 갈대 그리고 억새처럼.

생의 절정기를 맞은 꽃들은 하얗게 바랬다. 바람에 흔들리는 억

모 임 득
포토 에세이
시간의 바깥

새들은 잠시 쉬어 가라고 여심을 유혹한다. 그림 같은 풍경을 카메라 대신 마음에 그린다.
　타고난 운명은 어떤 타협이나 대체 방법이 없기에 마음이 무겁다. 다시 삶의 궤도에 돌아가면 아린 마음이 괜찮아지려나. 메마른 억새가 바람에 끝없이 흔들린다.

소경불알

처음 이름을 접하고 다시 물었다. 이름을 아무 앞에서나 함부로 말하기가 민망한 식물, 씁쓸한 여운이 가시질 않는 해학적 이름이다.

장마가 끝나고 온 세상이 찜통인 8월의 한낮. 옥화자연휴양림에서 소경불알을 찾느라 소동이 벌어졌다. 한 뼘이나 자란 풀숲을 헤매는 우리를 보고 관리인은 뱀 나온다며 빨리 나오라고 소리쳤다. 그러나 우린 찾지 못하면 집으로 돌아가지 않을 기세였던 찰나, 드디어 "찾았어요."

딱 한 포기가 산비장이로 지탱하고 있었다. 누가 이런 이름을 지었을까? 의문에 의문이 남는 식물. 소경불알이다. 더덕과 여러 면

소경불알

에서 닮았으나 더덕처럼 특유의 향도 없고 뿌리가 둥글며 전체에 털이 많아 쉽게 구분이 되는 식물이다.

  소경불알은 불알처럼 생긴 뿌리를 소경처럼 더듬어 보아야 비슷한 더덕이나 만삼 등과 구별이 가능하다는 의미에서 붙여진 이름이라 한다. 다른 이름으로 소경불알더덕, 알더덕, 만삼아재비 등으로 불린다.

  더덕, 만삼 소경불알은 잎만 보아서는 구분이 안 된다. 더덕은 냄새가 나고, 만삼과 소경불알은 냄새가 없고, 더덕과 소경불알은 꽃잎에 립스틱을 발랐고 만삼은 바르지 않았다. 들어도 복잡하다. 뿌리를 캐보면 덩이뿌리로 생강 같아서 확실하게 알 수 있다는데 그럴 수는 없고 처음 보는 꽃은 생경하다.

  올여름, 소경불알 안부를 묻는다.

구절초

    시골길을 사이에 두고 집 뒤에 있는 소나무 숲길을 걸어본다. 솔잎 사이로 조각조각 부서져 내리는 햇살, 아이들의 얼굴에도 웃음꽃이 피었다.
    바위 위에 걸터앉아 가을의 흥취에 젖어본다. 다람쥐가 물고 가다 놓쳤는지 산길에서 주워 깨물던 토종밤, 그 속껍질의 떫은맛이 입안 가득 느껴지고 생밤의 아삭거리는 소리가 들리는 듯하다.
    이층 창문에서 뒷산을 바라볼 때는 소나무와 갈참나무만 보였는데 산에 들어와 보니 나무 사이로 꽃이 피어 있다. 자그마한 흰 꽃을 여러 송이 매달고 있는 참취꽃, 황색 꽃의 마타리, 하얀 구름 조각들이 내려앉은 듯 청아하게 피어 있는 구절초도 보인다.

꽃이 피기 전까지는 자세히 살펴보지 않으면 무심히 지나칠 뻔한 식물이다. 그런데 이런 꽃들도 이름이 있고 꽃을 피워서 제각기 그 멋을 지니고 있다. 누가 보아주지 않아도 때가 되니 스스로 살아 있는 몫을 하는데 난 그동안 무엇을 하였던가. 한 집안에 둥지를 튼 지 십 년 만에야 이렇게 아이들과 함께할 수 있으니.

우리네 인생은 한 번밖에 살 수 없다. 식물처럼 봄이 와도 다시 태어날 수 없고 한번 지나가 버린 세월은 돌이킬 수 없다. 연습이 없는 인생. 지금까지의 삶을 한낱 연습으로 돌릴 수 있다면 얼마나 좋을까. 내가 만약 시간을 되돌릴 수만 있다면 초야를 치르던 날부터 아이를 갖기 위해 몸가짐을 바로 하였을 터이다. 시간이 지나 아기가 생기면 별 탈 없이 낳을 것이라는 내 무지 때문에 많은 세월을 돌아와야만 했다.

임신만 했다 하면 잘못되는 딸을 위해 친정어머니는 정화수를 떠 놓고 날마다 비셨다. 이른 새벽 첫 우물물을 길어다가 부뚜막에 놓아 조왕신께 올리고 달빛이 환한 밤이면 장독대에서 비셨다. 유산기가 있다는 전화라도 받으면 한걸음에 달려와서 당신 손가락에 끼고 있던 은가락지를 삶아 건네주시던 어머니. 인연이 아닌 아기를 떠나 보낼 때마다 가슴 찢어지는 아픔에 모진 소리만 해대

구절초

는 딸의 투정을 다 받아주며 정성껏 돌봐 주셨다.

  구절초 위에 가을 햇살이 살포시 내려앉았다. 조선 시대 여인으로 태어났다면 칠거지악에 걸려 소박맞았을 딸을 위해 친정어머니는 구절초를 달여 오셨었다. 검은색에 가까운 진한 갈색의 너무나 쓴 물을 마시며 고향의 뒷산이 그려졌었다. 구절초를 찾아 이 산 저 산을 헤매셨을 어머니. 자식을 향한 애틋한 정에 따스한 햇살이 어머니의 등을 비추었을까. 딸 이전에 같은 여인으로서 인고의 길에 들어서는 동질의 애잔함과 자식의 허물이 당신의 잘못인 양 참회하는 마음으로 구절초를 달이고 달였으리라.

돌 틈이나 척박한 땅에서도 하얗게 피어난 구절초를 보면 어머니처럼 연약하면서도 강인한 삶을 보게 된다. 그러면서 내가 지금 아이들과 함께할 수 있는 것이 구절초를 달여 주신 어머니의 정성 덕분이라는 생각이 든다.

구절초를 한 송이 꺾어본다. 모양이나 빛깔이 화려하지 않고 담담하다. 나에게 있어 이 꽃 한 송이는 고귀한 생명체이며 작은 우주다. 구절초를 달여 먹고 태어난 내 아이들이며 십여 년을 묵묵히 기다려준 시부모님과 남편, 항상 노심초사하신 친정어머니로 엮어진 사랑의 울타리이다.

여린 풀빛 잎새에 하얀색의 구절초가 활짝 필 때면 가을도 무르익는다. 가을이 되면 여러 빛깔로 활짝 피어 있는 들국화 중에서 구절초에 관심이 많다.

일 년에 사계절이 오고 가지만 나는 활짝 핀 구절초를 보면 내 인생을 느낀다. 인생을 계절에 비교하면 가을의 문턱에 와 있을 지금의 내 나이. 그동안 뿌려 놓은 것을 한 올 한 올 거두어들일 채비를 할 나이인데, 난 이루어 놓은 것이 아무것도 없다. 오로지 아이만을 갖기 위해서 십수 년 다니던 직장을 그만두고 이사까지 하였다. 앞으로 무엇을 해야 할 것인가도 아직 정해지지 않은 막막한 상태에서 아이들의 해맑은 웃음과 재롱을 보는 재미로 살고 있다. 비록 주머니에는 동전 몇 닢 달랑거릴지라도 아들딸만 옆에 있으면 세상 부러울 게 없다.

시드는 꽃은 애처롭지만, 피어나는 꽃은 어여쁘다. 흐름을 멈추어 본 적 없는 세월은 피어나고 시드는 꽃들 사이로 잠시도 머무르는 법 없이 가고 있다. 속절없이 흐르는 세월 따라 우리의 인생도 흘러가는 것이다.

저 활짝 핀 구절초도 때가 되면 지겠지. 새잎이 돋아나고 꽃을 피우고 씨앗이 여물어 다시 땅에 떨어지는 자연의 오묘한 순환. 꽃이 진다고 바람을 원망할까 세월을 탓할까. 스스로 할일을 다 하고 흙으로 돌아가는 것을. 본래의 참모습으로 회귀하는 것이다. 새 생명을 잉태한 꽃씨들은 어둑한 흙속에 묻혀서 껍질 부서져 내리는 아픔을 참으며 다시 태어날 봄을 기다릴 테다.

다른 식물들처럼 구절초의 꽃대도 흙속에 뿌리를 내리고 있다. 흙은 생명의 근본이다. 식물이 목마르지 않게 수분도 공급해주고 뿌리가 잘 뻗어나갈 수 있도록 도와준다. 뿌리는 흙을 의지해서 햇빛을 받아들이고 생장점에서 영양분을 충분히 공급받아 식물이 잘 자랄 수 있게 한다.

꽃보다도 더 아름다운 내 아이들에게 난 무엇을 해 줄 수 있을까. 마음껏 자라나고 꿈을 펼쳐나갈 수 있도록 디딤돌이 되어야

구절초

할 텐데.

 삶의 뿌리를 든든한 대지에 내려 꽃을 피우는 식물처럼 내 아들딸이 활짝 꽃을 피우고 튼실한 씨앗 맺도록 보드라운 흙이 되고 싶다.

꽃며느리밥풀

더운 여름날, 산성을 거닐다 보면 자주 만나는 꽃이 있다. 붉은 꽃이 가지 끝에 곡식의 이삭과 같은 모양으로 핀다. 긴 통 모양으로 생긴 꽃부리는 끝이 입술처럼 두 갈래로 갈라졌으며, 아랫입술 꽃잎 가운데에 마치 밥알처럼 생긴 흰색 무늬가 두 개 있다.

슬픈 사연을 안고 꽃으로 피어나야 했던 가녀린 들꽃. 며느리가 밥이 잘되었는지 밥풀 두 개를 입에 넣었는데 시어머니에게 맞아 죽은 뒤 꽃이 되었다는 슬픈 설화가 있는 꽃며느리밥풀 꽃이다. 꽃마다 진짜인지 확인하고 싶은 마음을 아는지 말을 하려는 듯 도톰한 붉은 입술마다 두 알의 흰 밥떼기를 머금고 있다.

꽃며느리밥풀

　문화가 많이 바뀌었다고 해도 고부姑婦 사이는 예나 지금이나 편한 관계는 아닌 듯하다. 산이나 들에서 만나는 것 중에 '며느리'라는 단어가 붙은 식물 이름이 많다. 며느리배꼽, 며느리밑씻개, 꽃며느리밥풀, 알며느리밥풀, 애기며느리밥풀, 새며느리밥풀, 흰수염며느리밥풀, 수염며느리밥풀 등이다. 꽃에 이름을 정하는 식물의 유래에는 대부분 고부 갈등이 주를 이루고 있는 듯하다. 고단한 삶을 사는 외로운 사람들을 위로해 주고 싶은 꽃도 있다. 처녀치마, 홀아비꽃대.

　시대가 바뀌었다지만 꽃며느리밥풀은 꽃 두 개를 달고 해마다 핀다.

시월의
뜨락

   자연의 시간은 그냥 흐르지 않는다. 물의 시간이, 햇살이, 바람의 시간이 흐른다. 어디를 둘러보아도 산야는 가을이 담뿍이다. 바람도 계절의 결을 닮았다. 어느 순간의 바람 속에도 내밀하게 익어가는 가을 온도가 느껴진다.

   때를 기다리는 모든 것들은 제 길을 가고 있다. 여름이 지나간 자리에는 단맛 들어가는 열매들이 있다. 나 역시 내가 지나온 길들과 내가 가려는 길의 시간을 물들이며 익어가는 중이다.

   눈 돌리는 곳마다 갈무리 중이다. 폭염과 태풍을 이겨낸 벼이삭도 누렇게 익었다. 햇살의 기세도 한풀 꺾였다. 나뭇잎도 물기를 거두고 단풍 드는 중이다, 높아진 하늘만큼이나 나뭇잎과 나뭇잎 사이가 헐렁해졌다.

  나도 이제 느슨해질 나이가 되어 고향집 뜨락에 섰다. 폴짝폴짝 뛰며 고무줄놀이하던 아이는 주름지고 근육이 빠지는 중이다.

  시월 한낮의 뜨락, 모과나무 아래 섰다. 나무의 궤적이 보이는 듯하다. 모과 향 짙어지는 계절, 잘 익은 모과 빛 닮은 잎들 아래 민들레 몇 송이 낮게 피어 있다. 이 가을 너무 성싱해 보여 눈을 맞추었다. 어쩌자고 필 때를 한참 지난 시기에 피었는지, 애처롭다. 늘 무엇이든 느지막이 이루어지는 내 모습 같아서 한참을 들여다보았다. 그나마 홀씨를 달고 있는 민들레는 괜찮다. 곧 바람결에 날아가 터를 잡아 내년 봄에 피어날 테니까. 힘들게 키운 자식들 떠나보낼 채비를 하는 것 같다. 어머니가 생각난다. 자식이라는 열매를 위해 온 힘을 보태었다. 자식들 튼실한 꽃 피우라고 헌신한 삶. 어머니는 어떤 향기로도 흉내낼 수 없는 이 세상 가장 아름다운 꽃이다.

  어릴 적 뜨락엔 채송화 민들레꽃들이 피고 지고, 마당은 늘 북적북적했다. 특히나 가을에는 밭작물 타작하는 소리가 그득했다. 들깨와 콩이 도리깨질에 열매 드러내고 수수 수확이 한창일 때면 마당은 절정을 이루고 수건을 뒤집어쓴 어머니는 쉴 틈이 없으셨다.

모과나무

 어렸을 적 동토에 걸린 적이 있단다. 눈을 뒤집고 아무것도 먹지 못하는 나를 이 병원 저 병원 데리고 다녀도 원인을 모른단다. 다만 증평에서 수녀님들이 운영하는 병원에 가면 치켜뜨던 눈을 감고 온몸이 축 늘어져 있었다고 한다. 어쩔 수 없이 죽는구나 싶어 방에 눕혀두고 군불 지피는데 연기가 굴뚝으로 안 나가더란다. "아하, 얘가 굴뚝 동티가 났구나."하는 생각이 들어 바꾼 굴뚝을 원상 복귀해 놓고 음식을 해서 제를 올리니 그때야 웃더라고….

 굴뚝 동티나서 죽다 살아났다는 말이 믿기진 않는다. 그러나 우리 밭 한가운데 우물이 있는데 메우면 안 된다거나, 길가에 있는 남의 밭 가장자리에 바위가 있는데 치우면 탈이 난다는 소리를 들은 적 있다. 우물은 모르지만, 고향에 갈 때면 길가 바위는 여전히 자리하고 있다.

간혹 용돈이라도 드릴라치면 죽은 자식 살아 돌아온 듯 바라보며 웃으시던 어머님. 시들어가는 꽃을 살리려고 얼마나 애가 타셨을까.

가을걷이한 채소와 알곡들이 고실고실 마르기 좋은 계절. 들판에는 자신들 세대가 얼마 남지 않았음을 감지한 식물들이 마지막 온 힘을 기울이듯 꽃을 피워 내는 시월이다. 내가 몇 번째 시월을 맞이하는지는 중요치 않다. 인생의 사계절에서 가을임에는 틀림이 없다.

지나고 보면 남들보다 늦었다. 공부를 못한 것도 아닌데 여상에 떨어졌다. 뒤늦게 보궐로 받은 합격 소식에 어머니는 나를 청주에 있는 성안길로 데려가 교복과 구두를 맞춰주셨다. 내 딸이 군인이 되겠다고 몇 명밖에 뽑지 않는 군사학과만 지원하다 떨어졌을 때 난 십 리 길을 걷고, 버스도 타면서 성안길로 데리고 갔던 어머니를 떠올렸었다. 떨어진 나도 실망이 컸지만, 어머니 마음도 몹시 아프셨겠구나, 내가 닥쳐보고서야 느꼈다.

여상에서도 2학년이 되어서야 상위권이었다. 남들은 미리 취업해서 나가는데 졸업을 앞두고서야 금융권에 취직이 되었다. 일찍 결혼한 친구들은 학부모가 되었건만 나는 금융권에서 퇴사하고 십 년 만에 힘겹게 아이를 낳았다. 지금은 손주 본 친구들 틈새에서 아이들 뒷바라지로 발품 팔아가며 돈 벌고 있다.

이른 나이에 할머니가 된 친구들이 부럽다. 난 언제 온전한 나를 위한 인생을 살 것인가가 화두인 요즘. 시월처럼 풍성하고 알찬 열매 맺었으면 싶다.

서리 내리기 전에 거둘 수 있는 수확이 있었으면 좋겠다. 추수 끝낸 빈 들판에서 푸르게 남아 속 꼭꼭 여물어가는 배추라도 되면 다행일까. 내 뜨락이 풍성하길 소망한다. 매시간 열심히 살아왔기에 훈장처럼 몸은 아프고 매일 먹는 알약이 많아질지라도 뿌리 튼튼히 내리고 열매 풍성한 나무였음 좋겠다.

서리까지 내렸는데 뒤늦게 한두 송이 핀 꽃처럼 내 뜨락이 초라할까 싶은데, 군 장교가 된 딸이 나를 책임진다고 엄마 노후는 걱정하지 말라는 소리에 목이 메었다.

계절마다 흐름 따라 봄여름 가을 겨울 네 박자로 삶을 사는 듯한 우리의 계절. 계절의 변화는 바람결에서도 알 수 있다. 가을의 바람은 사람의 마음을 되돌아보게 한다. 삶을 성찰하게 한다.

자연의 시간 속에서 시월의 뜨락일지라도 열심히 살아가는 현재가 아름답다. 누구에게나 절정의 때는 따로 있다. 늦었다고 생각할 때가 가장 빠른 법이다. 내가 행복하다고 생각하는 한 언제나 화양연화. 인생 후반의 화양연화는 더 짙고 화려하리라.

민들레

부처님께
바친 꽃

초록이 절정으로 치닫는 7월, 훤칠한 키에 홍자색 꽃이 반겨준다. 가끔 불어오는 바람에 호리호리한 몸이 이리저리 흔들리는 부처꽃이다.

정호승 시인은 이 꽃을 '웃음소리가 새소리 같은 꽃'이라고 했다. 더운 날 꽃 웃음소리가 새소리처럼 들리지는 않지만, 산성 자연마당 오붓한 길에 핀 부처꽃이 아름다운 여름이다.

백중날 연꽃 대신 부처님께 공양했다고 해서 부처꽃이다. 부처꽃은 연못이나 호숫가 늪지에서 연꽃과 수련을 따라 피어난다. 개구리밥 둥둥 떠 있는 물가에 무리 지어 핀 꽃을 보면 수련만큼이

부처꽃

나 시선을 끈다. 호수 같은 넓은 마음으로 세상을 향기롭게 살라는 전언 같다.

절정,
피어나다

가을이 오는 길목. 바람이 꽃을 흔든다.

고은삼거리에서 상대리 쪽으로 들어서면 길가에 꽃들이 피어 있다. 코스모스는 해마다 피어 나를 반기는데, 내 인생은 언제 꽃 피려나, 피기는 하려나 싶다.

작년에도 그랬고 해마다 가을이면 하늘거리는 코스모스를 보러 갔지만, 꽃이 시들어 싱싱한 꽃이 별로 없었다. 매번 시기를 놓쳤기에 올해는 기필코 보리라 달포 전 짬을 냈다. 그런데 너무 빨리 갔는지 꽃이 듬성듬성 피어 있었다.

추석 명절을 지내고 다시 갔다. 지난번과는 다르게 꽃이 한창이다. 황금빛 들녘을 배경 삼아 빨강, 분홍, 흰색 꽃들이 지나가는 바람에 허우적거린다. 여러 각도에서 하늘과 같이 찍어본다. 하늘이 가까워졌다 밀려났다 한다.

초가을 꽃구경은 그런 것 같다. 너무 이르거나 늦거나. 최상의 화기花期를 만나기가 힘들다. 허나 돌이켜보면 그 '적당한 때'는 내가 정한 것이다. 지극히 주관적일 수밖에 없다. 지지 않고 항상 피어 있으면 그건 꽃이 아닐 테다. 봄꽃이 피고 지고 여름꽃이 가고 이렇듯 가을꽃이 와야 꽃을 기다리는 마음이 생기리라.

계절별로 피고 지는 꽃들, 시기별로 피는 꽃을 기다리는 맛도 있다. 서늘해서 가을 온도가 제법 느껴지는 날이거나, 가슴이 먹먹해져서 숨을 고르는 오후거나, 커피믹스 한 잔 하며 쉼을 하고 싶거나, 창밖으로 먼 산 바라보다 문득, 그럴 때면 꽃을 보러 간다.

처음 꽃을 심으면 그다음은 일부러 씨 뿌리고 가꾸지 않아도 씨가 떨어져 피고 진다. 꽃 피고 열매 맺고 씨앗을 남겨 그 씨가 떨어지는 식물의 한살이. 송아리로 달린 것도 아니고 다복다복하지도 않다. 그런데도 먼 데서 보면 하나인 듯 바람에 이리저리 흔들린다. 간간이 부는 바람에도 한들한들 춤을 춘다. 자기주장 내세우지 않는 조신한 여인 같다.

꽃은 피는 시기가 다 다르다. 같은 꽃이라도 개화하고 절정에 달

코스모스

모임득
포토 에세이
시간의 바깥

하는 시기도 다 다르다. 모두 활짝 핀 듯 보여도 이미 수정을 끝내고 꽃잎을 떨군 개체도 있고, 꽃망울을 터트리는 꽃, 이제 막 몽우리가 올라오는 꽃도 있다. 아직 채 피지 않은 어린 꽃봉오리를 볼 때는 그래도 좀 낫다. 순결한 젊음을 보내고 색이 바랜 꽃 무더기는 서럽기까지 하다.

꽃잎 활짝 펼친 당당한 꽃 옆에서 막 나오는 몽우리가 내 모습 같다. 육십 평생 돌이켜보면 모든 일이 느지막이 이뤄졌다. 남들 다 활짝 꽃피울 때 몽우리도 못 내밀다가 다들 할일 다하고 앞서가면 그때서야 내 인생은 시작인 듯싶다. 보궐로 들어간 고등학교에서도 취업은 이래저래 밀려났다. 졸업 전에 그나마 괜찮은 직장에 취직은 되었지만, 마음고생이 심했었다. 결혼해서도 십 년 만에 간신히 아이를 낳아 애면글면 살았다. 꽃길만 있을 줄 알았는데 가정에 큰일이 생겨 글을 쓸 수가 없었을 때는, 문학상 받는 이들 꽃다발 들고 축하해 주러 다녔다.

만개한 꽃 옆으로 때를 모르거나 혹은 때늦은 무리가 흔들린다. 꽃이 피었다고 모두가 핀 것이 아니다. 꽃이 파리해지며 빛깔을 잃어가기도 하고 벌써 뾰족이 열매를 맺기도 하고, 몽우리 속에서 때깔만 보이는 꽃도 있다. 그런데도 난 굳이 갈색으로 변해가는 꽃을 보며 나 스스로 꽃이 되고 싶었던 날도 시들어간다고

코스모스

생각했다.

 타인의 속도에, 시선에 나를 맞춰 흔들렸다. 나는 나인 것을, 타인과 비교하며 피워보지도 않고 늦는다고 했다. 내가 선 위치는 타인과 다를 수 있다. 내가 모자라거나 온전하지 못해서가 아니다. 내게 주어진 길을 묵묵히 제대로 가고 있다. 남들보다 좀 늦은 것일 뿐.

 사람마다 지닌 재능과 쓰임새가 다를 수 있다. 누구에게나 꽃 피는 절정의 때는 따로 있으리라. 훗날의 나는 타인보다 더 많은 걸 얻으리라 확신한다. 타인의 삶에 나를 끼워 맞추려고 안간힘 쓰고 가슴 아파하던 그동안의 나를 도닥여주고 싶다. 안타까운 발돋움 대신, 느리게 가는 나를 껴안아 주리라.

　여덟 꽃잎이 마지막 언어를 발산하고 부드러운 바람 불어와 가을은 환상적이면서도 애잔하다. 피고 지는 순환 속에 한 계절의 절정이다.

제4부

가슴꽃

아무리 작은 꽃이라도 한 번은 꼭 핀다.
지금 당신 꽃은 어디쯤 피었나요?

가슴꽃

꽃을 항아리에 꽂는다. 인생을 설계하듯 향이 좋은 백합을 중심으로, 카네이션과 장미는 왼쪽에, 보랏빛 꽃도라지는 오른쪽으로, 안개와 국화를 사이사이에 배치한다.

꽃에 비하여 항아리가 작은 듯하다. 도예 공방에서 내가 만든 백자 항아리다. 흙을 다지고 밀어서 아래부터 차례차례 감아올려 만들었는데 삐뚤다. 약간 오른쪽으로 더 부풀어 있다. 그래선지 꽃도 부푼 쪽으로 더 치중되어 있다.

안개꽃이 한아름이다. 그래도 안개꽃은 주연이기보다 조연이다. 다른 꽃들을 받쳐주는 배경인 경우가 많기 때문이다. 그래서

안개꽃은 변두리 삶을 살아온 지난날을 보는 듯하다.

결혼하고 생긴 아이들이 계속 유산되었다. 임신 칠 개월에 인연이 되지 못한 아일 떠나보내고 퇴원했는데 젖이 불어 있다. 먹을 아기는 화장터로 가고 없는데, 젖멍울의 통증을 약으로 버티면서 울음을 삼켜야 했다.

십 년 만에 쌍둥이를 낳았을 때, 난 그래서 두 배로 젖이 많을 줄 알았다. 그러나 한 아이 먹을 양도 나오지 않았다. 몸무게가 조금 더 크게 태어난 아들에게 간신히 젖을 먹이는데, 온몸에 전율이 일었다. 몸안의 세포 세포가 다 살아나는 듯 아이와 나를 단단히 동여맸다.

임신했다가 유산되기를 반복하던 지난날을 까마득하게 잊고 있었다. 유선이 발달했다가 멈추고, 발달했다가 멈추고를 반복하는 것이 건강에는 안 좋겠다는 생각이었다. 어느 날 가슴이 보조개처럼 약간 들어가 혹시나 하고 병원엘 갔더니 암이란다.

유방암이라고 하면 사람들의 시선이 가슴에 머문다. 어떤 이는 가슴을 절제해서 얼마나 속상하냐고 한다. 가슴을 보전한 사람은 무조건 방사선 치료를 받아서 날마다 치료받으러 다닌다고 해도 이해하지 못한다. 나도 전에는 그리 알고 있었다. 가슴에 먼저 시선이 갔으니까.

왕괴불나무 열매

 무게로 인체를 보면 유방은 100그램이다. 그중에서도 아주 일부를 잘라냈는데 수술 자국 때문인지 우울증이 왔다. 아직도 가슴은 여자의 미적 상징이고 많은 이들에게 성적 상징이다. 물방울무늬 운운하며 크기까지 들먹인다.

 칼자국을 볼 때마다 마음이 무너지고 우울하다. 병원은 늘 북적인다. 한 시간을 넘게 대기실에서 기다리던 날이다. 어떤 분이 원피스를 입고 왔다. 문진할 때 원피스를 벗으려고 그러나 싶었는데, 자세히 보니 가슴이 납작하다. 축이 무너진 빈 가슴에 머문 시선을 이내 거둔다.

한참 동안 기다리다가 원피스 입은 여성이 말한다. 양쪽 가슴을 다 잘라냈는데, 5년 지나 다 나은 후에 복원 수술을 생각하고 있다고. 병원에 있을 때 복원 수술한 환자들 다 후회했다고 하니 눈 감고 있던 여성이 자기도 후회한단다. 수술하여 다 잘라낸 가슴에 살이 없다 보니 날마다 살을 늘리는 주사를 맞는데 너무나 아프단다. 그렇게 고생하여 복원 수술을 했어도 원래 가슴보다 훨씬 작고 또 수술 자국도 다 보인다고. 나도 모르게 옆의 여자를 보니 가슴 크기가 짝짝이다.

그날 이후 지금의 내 모습을 사랑하자고 다짐했다. 얼마나 소중한 현재의 모습인가. 요즘은 여성의 가슴을 성적 대상보다 신체의 자연스러운 일부로 받아들여야 한다는 주장도 있다.

어머니는 자식을 낳아 희생을 마다하지 않고 키운다. 여자이기보다는 모성을 앞세운다. 그런 어머니들이 아기에게 젖을 물리어 살려내는 생명의 젖줄, 생명의 근원이 가슴이다. 완경되어 늙고 쪼그라든 가슴도 그래서 더 성스럽다.

암이란 혹 때문에 재발할까, 호르몬 암인 갑상샘이나 자궁에도 영향이 미칠까 전전긍긍하며 시간을 보낸다. 완경으로 그나마 나오지 않는 호르몬마저 차단하기 위해 매일 약을 먹는다. 젊은 환자들은 생리를 멈추게 하는 주사를 한 달에 한 번씩 맞는다고 하니, 여자를 여자이지 않게 하는 것 같아 슬픈 암이다. 여자의 가슴에 대한 찬미를 이제 그만하라고 하고 싶다. 크고 둥글고 탄력 있는 아름다움을 더는 강요하지 말았으면 한다.

안개꽃처럼 조연이 아니라 항아리 가운데에 꽂힌 백합처럼 내 인생에 주연은 내 자신이다. 이다음 도예 공방에서 다시 항아리를 빚는다면 더 크고 소담스럽게 빚으리라. 비대칭여도 상관없다. 짝짝이고, 좀 들어가면 어떤가. 그 나름의 아름다움이 있는데….

꽃이 한쪽으로 치우쳤어도 아름답다. 가슴꽃이다.

둥근 모양
부채를 닮은
열매

　일본 도쿄대학 식물원에 심어진 우리나라 특산 식물이 미선나무, 개느삼, 진달래이다. 세계에 단 1속 1종밖에 없는, 게다가 우리나라에서만 난다는 희귀 식물. 미선나무는 괴산, 개느삼은 강원도가 자생지이다. 우리나라 희귀 식물이지만 학명에는 나카이가 들어가 있다.
　그런 귀한 꽃을 보러 집 근처 화장사로 간다. 개체수가 많지는 않지만, 꽃을 볼 수 있어서 다행이다.
　미선나무는 개나리와 비슷하지만, 개나리보다 빨리 피며 진한

미선나무

향기가 특징이다. 그 향이 얼마나 곱고 진한지 멀리서도 바람결에 맡을 수 있을 정도. 꽃은 통꽃이기 때문에 꽃잎이라고 하지 않고, '꽃부리조각' 또는 한자어로 '화관열편'이라고 하는데 개나리처럼 그 끝이 4갈래로 갈라진다.

한국에서만 자라는 한국 특산종으로 충청북도 괴산군, 진천군, 영동군에서 자라는데 이들이 자생하는 지형은 거의 돌밭으로 척박한 곳에서 자라는 독특한 생태를 가지고 있다. 미선나무의 자생지는 천연기념물로 지정되어 보호받고 있다. 1964년 발행된 우

미선나무 열매

표 중에 주황색 초록색으로 그려진 미선나무를 보고 반가웠다.

향내 나는 부채 같은 미선나무 열매를 보고 좀 놀랐다. 날개가 달린 시과로 9월에 익는데 부채처럼 생겼다. 미선이란 이름도 여기에서 유래한다. 미선나무는 아름다운 부채라는 뜻의 미선美扇 또는 부채의 일종인 미선尾扇에서 유래되었다고 한다.

미선나무 은은한 향기가 그리워 봄을 기다리듯이 사람 사는 일이 늘 향기로우면 좋겠다.

미선나무

붉은 그리움,
봄을 깨우다

단아하게 햇살에 눈부신 동백꽃이 보고 싶었다. 얼마나 기다리던 동백꽃이던가. 동백冬柏 이름에 겨울 동冬 자가 들어 있지만 생각만큼 꽃은 빨리 피지 않는다. 봄을 알리는 꽃나무이다.

3월 지심도로 출발하면서 가슴이 들떴다. 오래된 나무들이 많다고 하니까 흐드러지게 핀 꽃을 보리라. 들떠 있는 내게 먼저 다녀온 이가 너무 기대하지 말라고 했다. 내가 갈 때는 활짝 피어 나를 기다릴 거야…. 기대감은 배에서 내리자마자 시들었다. 수명이 오래된 나무는 너무 높이 있고 꽃은 띄엄띄엄 피어 있다. 모가지째 떨어진 꽃 몇 송이를 누군가 고목에 올려놓았는데, 그마저 시들어 가고 있다.

  12월 제주도 여행에서 동백꽃을 많이 보았다. 다른 꽃들 피고 지고 침잠한 시기에 수려하게 핀 꽃은 삭막한 겨울과 대비되어 돋보인다. 빨간색뿐만 아니라 분홍빛과 흰색 꽃도 심심찮게 보았다. 겨울에 찾는 제주도는 설경도 좋지만, 동백을 만나러 가는 길이기도 하다.

  붉게 타는 듯 화려하게 핀 꽃을 보면 강한 생명력이 느껴진다. 핏빛 꽃 위에 눈이 소복이 쌓이고 빼꼼히 내민 꽃 속 노란 꽃술과 초록색 잎사귀는 찬 겨울을 따스하게 해준다. 이때부터였을까. 동백꽃이 좋아졌다. 초록으로 반짝이던 날들이 제 빛깔을 잃어 고요히 침묵에 들 때, 흐드러지게 핀 동백꽃은 '앞으로의 인생은 괜찮을 거야' 내게 주는 희망의 전언 같아서다.

  꽃송이 상태로 툭 땅에 떨어지는 동백. 절정의 순간에 제 몸 통째로 던져버리다니, 떨어져 누운 꽃송이는 오래도록 붉다. 핏빛이다. 오히려 나무에 피어 있을 때보다 땅에 누워 있을 때가 더 처연하게 아름답다.

  11월에 피는 동백꽃도 있던데, 내가 사는 아파트에는 3월인 지금에서야 꽃이 피어 궁금증이 일었다. 꽃 모양도 다르다. 알아보니 산다화는 동백과 모습이 비슷하고 꽃이 동백보다 작아서 애기

동백이라고도 불린다.

　동백은 통꽃으로, 산다화는 꽃잎이 한두 장씩 따로 떨어지는데 개량종 겹꽃은 통으로 진다. 갈래꽃으로 분홍색 흰색 등으로 피고 수평으로 벌어지며 11월 늦가을부터 꽃망울이 맺기 시작해 2월까지 꽃이 피는 산다화. 꽃잎으로 차를 우린다고 해서 산다화라는 이름을 가진 자생 식물이다.

　동백나무는 꽃자루 없이 잎겨드랑이 또는 가지 끝에 암술과 수술이 같은 꽃에 있는 '양성꽃'을 피운다. 다른 꽃들은 벌, 나비 곤충 또는 바람 등을 통해 꽃가루를 옮겨 수분을 하지만 동백꽃은 동박새가 수분을 한다.

　동박새는 온순하고 울음소리가 곱고 청아하다. 혀끝에 붓 모양의 돌기가 있어서 꿀을 빨 때 편리하다. 조그만 곤충을 잡아먹고 살지만, 동백꽃의 꿀을 좋아한다고 해서 '동박생이'라는 이름을 가지고 있기도 하다.

　수목원에서 동박새를 가까이 볼 수 있었다. 동백나무에 앉아 꽃에 부리를 디민다. 동영상을 찍는데도 사람이 익숙한지 날아가지도 않는다. 식물 종은 저마다 벌새의 다른 부위에 꽃가루를 뿌리는데 그럼으로써 벌새가 같은 종에 속한 꽃에 꽃가루를 옮길 가

동백꽃

능성을 높인다.

 지심도에서 뚝뚝 떨어진 동백꽃 무더기를 보는 행운은 없었지만, 언덕 고목에서 붉은 동백꽃 봉오리가 막 터지려 하고 몇 송이는 활짝 피어 있다. 열매도 같이 있다. 매끈하고 둥근 열매가 벌어지면 속에서 2~6개 정도의 씨가 나오는데 그걸로 동백기름을 짠다고 한다.

 고목에 흐드러지게 핀 동백을 찍은 후배에게 물어보니 지심분교에서 찍었단다. 지금은 마을회관이 되었다는데, 풍성한 꽃을 볼 행운을 못 얻었다. 더 알아보고 가지 못한 아쉬움도 있고 단체로 갔으니 시간이 빠듯하기도 했다.

　다음에는 일제강점기 당시의 역사 흔적이 고스란히 남아 있는 일본군 전등소 소장 사택, 포진지와 탄약고, 분교와 동백꽃 터널도 여유를 가지고 돌아보리라. 모가지를 뚝 부러뜨린 동백꽃도 보리라. 색깔도 바래지 않은 꽃이 툭툭 진 무리를. 무엇이 그리 원통했을까. 땅에 떨어져서도 눈 감지 못하고 붉은 그리움을 토해 내니.

　아무리 화려했던 삶도 찰나에 지고 마는 것이 인생이라고, 동백이 봄을 깨운다.

개느삼

    개느삼은 오직 우리나라의 추운 지역에서만 자라는 식물이다. 평안남도, 함경남도, 강원도 북부 지역에서 드물게 볼 수 있다. 양구의 개느삼 자생지는 남한에서 최초로 발견되어 한반도 고유 식물 연구에 이바지하였다.

    예전에는 개느삼이 북한 지역에서만 자라는 것으로 알려졌다. 그런데 양구의 초등학생이 숙제로 가져온 식물 표본이 개느삼으로 밝혀지며 남한에서도 자라는 것이 알려졌다. 그 뒤로 인제, 춘천 등지에서 잇따라 야생 개느삼이 발견되어 보존을 위해 연구와 관리가 이어지고 있다.

개느삼

활짝 만개한 우리나라 특산 식물 개느삼. 개느삼이라는 이름은 느삼(고삼)과 잎과 꽃의 생긴 모습이 비슷하다는 뜻에서 유래되었다. 화장사에서 큰 개느삼은 없어지고 대신 어린 나무들이 많이 자라고 있어서 다행이다. 황금색으로 무리 지어 피는 꽃이 아름답다.

큰 나무

고향집 돌담 옆에 살구나무가 한 그루 있었다.

꽃이 피면 연분홍 살구꽃 향기가 실려 왔고 꽃이 이울면 가지마다 열매가 조롱조롱 달렸다. 살구가 노랗게 익으면 나무를 오르내리며 따 먹었다. 이때는 살구나무가 더없이 커 보였다. 그런 살구나무를 베어낸 자리에는 감나무가 대신했다. 나무가 떨어뜨린 감꽃을 실에 꿰기도 하고 꼭지 빠진 감을 주워 소꿉놀이할 때만 해도 감나무는 참으로 큰 나무였다. 감나무가 자라듯 내가 어른이 되자 감나무가 큰 나무로 보이진 않았지만, 고향집에 들어서면 유년의 추억을 고스란히 전해주는 것 같았다.

살구나무

고향집 감나무는 언제나 찾아가도 그 자리에 있어 좋았다. 세상이 바뀌고 세월이 흘러 백 년을 한곳에서 살 것 같았던 사람은 모두 떠났지만, 감나무는 절대 그곳을 떠나지도 버리지도 않았다. 뿌리는 깊은 땅속을 헤집고 가지는 하늘길로 향한다. 무심한 듯하지만, 온 힘을 다해 가지를 뻗고 잎을 피워내며 치열하게 살아낸다.

가끔 집 근처 낙가산을 오른다. 조금만 올라가도 곧게 뻗은 나무들이 양옆으로 늘어서 반긴다. 싱그러운 초록빛의 청량한 숲길은 세상살이에 지친 심신을 다독여준다.

살구나무

모 임 득
포토 에세이
시간의 바깥

나무에 가만히 손을 대 본다. 거친 표피 속으로 수액이 흐르는 미세한 진동이 느껴진다. 우듬지마다 새 눈 달고 있던 때가 엊그제 같은데 이렇듯 잎이 무성하다.

상허 이태준이 수필 「수목」에서 봄이 어서 오길 바라며 급하다고 한 표현이 생각난다.

> 아무 나무나 한 가지 휘어잡아 보면 그 도틈도틈 맺혀진 눈들, 하룻밤 세우細雨만 내려 주면 하루아침 따스한 햇발만 쪼여 주면 곧 꽃 피리라는 소곤거림이 한 봉지씩 들어 있는 것이다.

과연 근대 순수문학의 기수라고 할 만하다. 1930년대의 우울한 사회 현실 속에서 이렇듯 보석 같은 표현을 했을까. 자연이나 일상의 아주 사소한 것들로부터 의미를 성찰하게 하는 유려한 글솜씨가 놀라울 따름이다.

이태준의 수필을 읽다 보면 반세기 이전에 쓰인 글이 지금 읽어도 전혀 어색하지 않다는 데 놀랍다. 물이 흐르듯 군더더기가 없다. 글자 하나 첨삭도 불허할 만큼 완벽한 문장이다.

산에 오를 때면 넓은 등산로보다 좁은 산책로를 즐겨 찾는다. 꽃과 어린 나무를 보는 것이 좋았다. 운동보다는 나무와 꽃을 보며 교감하는 즐거움이었다. 새순이 돋아나는 소나무를 쓰다듬거나, 손을 뻗어 오디를 따 먹을 수 있는 뽕나무, 보리수가 좋았고, 누가 보지 않아도 피고 지는 진달래, 생강나무, 조팝나무, 물푸레나무와 솜나물, 봄맞이, 꽃마리, 제비꽃, 미나리아재비 같은 풀꽃이 좋았다.

하지만, 생의 큰 고비를 넘긴 지금은 다르다. 비가 오면 비가 온다고, 바람 불면 바람 분다고 심란해하고 호들갑 떨던 예전의 내가 아니다. 너무 이른 나이에 마음의 크기가 넓어졌다. 나는 예쁜 꽃과 막 돋아나는 나무들과 교감하고 싶은데 세상살이는 나를 사소한 일에 일희일비—喜—悲하지 말라 한다. 오랜 세월을 보듬고 그 자리에서 묵묵히 버텨온 큰 나무처럼 살라고, 큰 나무로 서 있던 남편이 떠났으니 이제 한 집안의 가장이라며 어깨를 무겁게 짓누른다.

그래서 「수목」이란 글이 더 가슴에 와닿았을 수도 있다. 한 그루의 나무라도 큰 나무 밑에서 살고 싶다는 표현이, 낮은 과목 사이에 주춤거림보다는 큰 나무 밑에서 쉬면서 앞날을 생각하고 싶다는 말이 딱 내게 맞는 말인 것 같아서다.

내가 보고 싶고 위안도 받고 싶을 때 나무는 한결같이 그 자리에 있어서 좋다. 지치고 힘들 때 언제든지 가서 마음의 평화를 얻을 수 있으니까. 작은 나무보다는 나를 안심시켜 줄 수 있는 큰 나무였으면 싶다.

 이태준은 "수필처럼 작가를 체온에서부터 영혼까지 드러내는 글이 없고, 그러니까 수필처럼 생활이 아직 익지 못한 풋 인생으로는 살 수 없는 글은 없는 것이다."라고 하였다. 그는 오래 살고 싶다고 쓰고 있는데, 오래 살아야만 좋은 글도 써 볼 수 있을 것 같아서가 그 이유라고 말한다.

 이태준이 삼십 대에 쓴 글도 충분히 인생을 달관한 자만이 쓸 수 있는 글인데, 1946년 42세에 월북해 더이상 그의 작품을 볼 수 없어 안타깝다. 11월 4일은 상허 탄생일이다. 지금 그는 생사조차 감감하다. 사상이야 차치하고 깔끔하고 군더더기 없는 문장으로 시대를 초월해 읽히는 그의 수필처럼 나도 흉내내고 싶지만 갈 길이 멀다.

 큰 나무가 나를 보호하고 위안해 주었다면 나도 누군가에게 힘을 주는 큰 나무가 되고 싶다.

향기가
길을 막아

 야산을 산행하는데 빨리 오라고 일행이 부른다. "이건 무슨 꽃이에요? 향기가 너무 좋아요."

 산을 오르다 보면 달콤한 향기가 발걸음을 멈추게 한다. 지나가는 사람의 발걸음을 막을 정도로 향기가 좋다고 하여 길마가지나무이다.

 노란빛이 도는 흰색 꽃에 노란 꽃밥이 매력적이다. 5개의 수술에 붙은 꽃밥은 노란 하이힐을 신고 날아갈 듯 피어 있다. 어찌 보면 노란 마스카라를 멋스럽게 한 여인 같기도 하다. 은은한 향기를 풍기지만 일주일도 못 피고 사라져 버린다. 겨우내 얼마나 큰

길마가지나무

노력으로 꽃송이를 만들었겠는가. 번창하기 위해 한꺼번에 엄청난 에너지를 분출하는 봄꽃들은 대게 순식간에 사라져서 아쉽다.

5월 국립수목원에서 열매를 원 없이 보았다. 꽃보다 더 아름다운 열매는 2개의 열매가 완전히 합착되어 작은 심장 모양으로 달린다. 내게는 빨간 하트로 보인다. 오솔길에 잔치가 벌어졌다. 사진을 찍고 또 찍어도 예쁘다. 빨간색 과육에 햇살이 비치니 씨앗이 드러난다.

씨앗을 보니 내년 봄을 기다려야겠다. 길을 막을 향기를, 노란 구두 신을 꽃을.

파꽃

밭 한 뙈기에 올망졸망 작물이 있다. 이제 막 꽃을 피우는 감자, 어린 나물일 때 먹었을 노란 유채꽃, 미처 뜯지 못해 웃자란 상추 사이사이에 명아주가 보이는 밭에서 내 눈을 멈추게 한 건 파꽃이다. 튼실한 다리로 꼿꼿이 서 있는 그 싱싱함이라니. 둥근 모양의 꽃을 달고 하늘을 이고 선 저 푸른 기상. 대궁이 텅 비었는데도 쓰러지지 않고 서 있는 파꽃을 보며 밭둑에 앉았다. 혈기 왕성한 젊은 청춘을 보는 것 같다.

밭 가장자리에는 돼지감자도 있다. 눈만 뜨면 밭에 나와 작물들을 보살피는 아주머니는 언제까지 하실 수 있을까. 둘이 하던 밭

일을 남편이 먼저 가신 후로 혼자 한다고 한다. 구청이 바로 옆에 들어서니 땅값이 많이 올라 팔아서 편하게 살 수도 있는 일이다.

  친구네 공장 마당에 밭이 인접해 있고 바로 옆에는 구청을 짓는 공사가 한창이다. 공장과 구청 중간에 있는 밭 한 뙈기의 운명이 걱정스럽다. 건물 지어 식당이라도 해야 하는 건 아닌지, 괜스레 걱정이 앞선다.

  친구를 만나러 갈 때면 아낙네 치마폭만 한 밭에서 늘 흙을 만지고 계셨다. 머리에 수건을 쓴 아주머니 머리와 등만 곰실곰실 거렸다. 덕분에 줄 세워 심어진 작물을 철따라 보는 재미가 쏠쏠하였다.

  파는 음식에 주재료로 쓰이기보다 양념으로 많이 쓰인다. 파기름이 되어 음식에 풍미를 더해주기도 하고 멸치, 다시마와 육수로 우려져 국물 요리로 탄생하기도 한다. 약방에 감초가 있다면 음식에는 마늘과 더불어 파가 빠지지 않는다. 그래도 자기가 음식의 주재료라고 우기지 않고 고명으로 오르거나 요리 재료에 스며든다.

  대파꽃 옆에는 쪽파가 줄지어 있다. 쪽파는 그나마 파김치로 담긴다. 주재료인 셈이다. 지역에 따라서 대파로 김치를 담기도 하지만 보통은 육개장이나 라면, 볶음요리 재료에 어울린다.

파

  봄과 여름 사이에 피는 파꽃, 서도 꽃이라고 하늘을 향해 힘차게 뻗어 있다. 얇게 뿌리 내려 뽑히기 쉬운 대파, 하얀 뿌리 땅에 박혀 그래도 꽃을 피웠다. 장미꽃처럼 화려하지는 않지만 자북자북 피어 있는 파꽃을 보면 하늘을 향해 일제히 꼿꼿이 머리를 쳐들고 있어 아침 일찍 점호받으려고 연병장에 집합한 군인들 같다.

  파꽃은 반투명 껍질을 스스로 벗겨내면서 꽃을 피운다. 하얗게 삐죽거리는 꽃 모양이 특이하다. 지구상에 종족 번식을 위해서 노력하지 않는 식물이나 동물이 없듯이 파꽃도 꽃대 위에서 계절을 불사르고 있다. 활짝 핀 꽃 끝에 노란 수술이 앙증맞다. 원기

둥 모양의 꽃줄기 끝에 공처럼 둥근 산형 꽃차례를 이루며 빽빽이 달려 핀다.

꽃 한 송이에도 무수히 달린 꽃술. 곧 검은 씨앗들을 품어 내리라. 파꽃이 피기 시작하면 줄기가 억세진다. 영양가가 떨어지고 맛이 없어 먹기에 적합지 않다. 제 속 비워가며 씨앗을 남기기 위해 최선을 다하는 파꽃은 희고 둥근 모양으로 피어 씨를 날린다.

5월은 파꽃이 피는 계절. 햇살과 땅 힘을 쭉쭉 빨아들여 우리를 먹여 살리던 파가 장마철이 오기 전에 온 힘을 다해 꽃 피우고 열매를 맺으며 다음을 기약한다. '꽃과 열매에는 자연의 작업이 가장 잘 응축돼 있다.'라는 루소의 말이 파꽃을 보며 되새겨지는 계절이다.

세상의 중심에 서는 것, 더욱더 높은 자리에 오르는 일, 힘 있는 자리, 남을 지배하는 삶의 방식에서 보면 보잘것없는 파꽃. 음식 재료의 조연이지만 묵묵히 꽃 피워 씨앗을 품는 꽃, 꽃이라고 하기에도 밋밋하고 더없이 수수한 꽃이다.

어떻게 보면 자식 키우고 밭을 일구는 일에 한평생 바친 아주머니 같은 꽃, 땅값이 오르건 말건 곡식이나 채소를 심어 김매고 북돋아 주어 수확하는 일이 전부다. 파꽃 같은 아주머니를 보니 지혜로운 삶이 무엇인지 알 것만 같다.

홀아비바람꽃

금대봉 산길 가는 곳마다 보인다. 새하얀 꽃잎에 노란 꽃술이 이쁘다. 홀아비는 쓸쓸해도 정감 가는 이름이다. 왜 홀아비바람꽃일까? 혼자 피어서 홀아비인가 했더니 꽃대 하나에서 꽃이 하나씩 피어 홀아비바람꽃(Anemone koraiensis Nakai)이다.

그토록 보고 싶던 홀아비바람꽃이 산모퉁이마다 보이니 신기하다. 새하얀 꽃잎에 단정하고 귀엽게 갈라진 잎, 아담한 크기까지 참 마음에 드는 꽃 중간중간 얼레지도 보인다.

꽃과 초록빛 풀들이 어우러지니 색다르게 보인다. 한 포기가 아닌 여러 포기가 무리 지어 살아가니 외롭지는 않겠다. 깊은 산에

홀아비바람꽃

서 작은 씨앗들이 바람을 타고 이곳저곳으로 자기의 영역을 넓혔으리라.

　궁상맞은 홀아비를 생각했었는데 맑은 꽃을 보니 추레하지 않아서 다행이다.

홀아비바람꽃

들국화

 들국화는 청초하다. 산의 초입이나 들녘 비탈길에 들국이 없으면 얼마나 황량할까. 산야에 피어 있는 들국화로 가을이 더 낭만적인지도 모른다.

 해맑은 하늘을 그대로 닮은 듯한 모습으로 피어 있는 들국화. 치마저고리를 입은 산골 처녀의 모습처럼 소탈하면서도 청순해 보이는 모습을 바라볼 때면 마음마저 편안해지곤 한다.

 가을이 되면 똑바로 서 있지도 못하고 밑동이 어디론가 쏠려서 피어 있는 꽃에 유난히 관심이 많다. 잔디 위에서 뛰어놀던 기억의 언저리에는 산소가 무엇인지도 모르고 동그란 봉분 위에서 누가 먼저 뛰어내리나 내기를 하던 뒷동산 자락에 지금 생각해 보면 들국화가 무성하게 피어 있었던 것 같다.

진달래나 코스모스는 꺾어다 꽃병에 꽂아 놓았지만, 들국은 기억나지 않는 것을 보면 아름답다고 느끼지 않았던 듯싶은데, 요즘 들어 관심이 가고 눈길이 가는 것은 나도 이제 나이가 들었다는 증거일까.

맑고 어여쁜 들국화가 피고 지는 모습을 보면 우리의 인생과 흡사하다는 느낌을 받는다. 이슬을 머금고 동글동글 매달려 있는 봉오리들은 이제 막 세수를 끝낸 어린아이의 얼굴처럼 상큼하다. 새벽에 일어나 이슬이 맺힌 꽃을 보면 그 상큼함에 정신이 맑아지며 향기로워지기까지 한다.

가꾸고 돌보아 주는 이가 없어도 밭둑이나 야산 언저리에서 피고 지는 모습은 사십이 넘은 여인 같은 느낌이 든다. 정열적이고 화려한 시절은 갓 지나고 이제 완숙한 모습으로 제 삶을 사는 사오십 대. 화려하게 치장하지 않아도 삶에서 우러나는 아름다움이 절로 배어나는 어머니 세대 여인의 모습이다.

야트막한 산언저리나 바위틈, 들녘 어느 곳을 둘러보아도 흐드러지게 피어 있는 들꽃 속에 국화는 항상 모습을 드러낸다. 쑥부쟁이, 산국, 감국, 구절초, 미역취, 참취꽃 등 산야 어디든 무성하

개미취

니 가을은 국화의 계절이라고 해도 무리는 없을 듯하다. 가을이 오감을 자극하며 더욱 살아 있음을 느끼는 것은 지천으로 피어 있는 들국화 때문이리라.

노드롭 프라이가 자연의 사계 신화 중 가을의 미토스를 비극으로 표현했듯이 들국화는 가을의 끝과 겨울의 초입 사이에 주로 핀다. 꽃이 피고 녹음이 깃들며 아름답게 치장한 계절에 수많은 꽃이 피고 진 뒤, 겨울을 앞두고 마지막으로 꽃을 피우는 들국화는 다른 꽃들과는 달리 곧 이별해야 하는 여인 같은 느낌이 든다. 어쩌면 느지막이 산야에 쓸쓸히 피어 서리가 내리기를 기다리고 있는 것 같기도 하니 사람으로 치면 인생의 갈무리를 한다고나 할까.

 꽃 피고 난 뒤 열매를 맺어 바람을 기다리는 다른 꽃들과는 달리 미처 꽃봉오리를 열지도 못한 채 서리를 맞는 것을 보면 미래의 내 모습인 양 가슴이 떨려온다. 함부로 대할 수 없는 고고함까지 갖추고 은은한 향취를 내며 피지는 못할지라도, 산속 후미진 곳 어느 곳이든 누가 보아주지 않아도 저 혼자 피었다 지지도 못한 채 꽃봉오리로 겨울을 맞는다면, 겨울 뜨락에 봉오리째 마른 국화가 내 노후의 모습이라면….

 가을이 다 가는 것도 모르고 국화꽃 향기에 취해 있다가 서리 내리고 날씨가 쌀쌀해지면 언뜻 정신을 차리게 된다. 서리 맞은 꽃봉오리가 되지 않으려면 꽃이 피고 나서야 가을을 느끼기보다 여름부터 미리 가을을 준비하고 겨울을 생각할 테다.

 겨울의 내 뜨락에 들국화가 활짝 피어 있어서 보는 이에게 미소 짓게 하고 마음마저 편안하게 할 수 있다면 무엇을 더 바랄까. 들국화 만개한 삶이 욕심이라면 그 비슷한 향취라도 풍겼으면 하는 마음이다.

털중나리

7월은 나리꽃의 계절이다.

참나리, 노랑참나리, 털중나리, 땅나리, 하늘나리, 솔나리, 말나리, 뻐꾹나리, 애기나리, 털중나리, 섬말나리, 철포나리, 나팔나리 등이 피고 진다. 나리꽃들 이름의 유래는 의외로 단순하다. 6개로 갈라진 꽃잎이 하늘을 보면 하늘나리, 땅을 보면 땅나리, 그 중간을 보면 중나리, 줄기 등 전초에 솜털 같은 털이 있으면 털중나리라고 부른다. 잎이 돌려나는 나리를 말나리라고 한다. 따라서 잎이 돌려나고 꽃이 하늘을 보면 하늘말나리다.

태양을 닮은 '여름꽃', 털중나리가 꽃을 피웠다는 것은 여름이 본

털중나리

격적으로 시작되었음을 의미한다. 멀리서도 한눈에 알아볼 만큼 매혹적인 꽃, 한 송이 핀 것도 있지만, 대개는 서너 송이가 달려 있다. 많게는 열 송이 가까이 달리기도 하는데, 1m 넘게 솟아오른 원줄기 끝에 한 송이, 그 아래 사이사이 좌우로 뻗은 작은 가지마다 한 송이씩 다닥다닥 핀다.

푹푹 찌는 여름 한낮. 초록 숲에서 황적색 털중나리를 보면 마음마저 시원해진다.

해토머리

잠깐 내린 비에 언 땅이 촉촉이 젖어 들었는가 보다. 눈여겨보지 않으면 피었는지도 모를 작은 들꽃이 양지바른 곳에 피었다. 추운 겨울을 잘 견디고 피어난 작고 앙증맞은 꽃이라 더 대견하다.

긴 겨울을 보내고 전령이 봄을 전해오는 2월과 3월 사이. 산골짜기 잔설이 녹고 얼었던 땅이 포슬포슬해지는 해토머리다. 이미 마음은 봄물이 담뿍 들었지만, 봄볕이 필요한 만큼 찬 날씨다.

2월은 계절과 계절 사이를 이어주는 달이다. 1월의 겨울 추위도 아니고 3월의 봄 향기가 풍기는 달도 아닌 틈새라, 늦겨울과 초봄이 만나는 그 언저리쯤 있는 달이다.

개불알풀

　얼마 남지 않은 2월은 아이들이 곧 개학을 앞두고 있다. 긴 겨울 방학이 시작되었을 때만 해도 맛있는 음식을 해 주고, 시간도 같이 보내리라 다짐했었다. 2월이 다 갈 때쯤 며칠 남은 날짜를 헤아리며 챙겨주지 못한 미안함에 양식 요리를 배우기로 했다.

　요리 실력이 좋으면 후딱 해서 밥상 차리면 되지만 그렇지 못하니 평소 알고 지내던 요리 강사에게 도움을 요청했다. 오늘은 커리와 난, 투움바파스타, 통새우 버거, 비프도리아 네 가지 요리다. 네 명이 배우고 각자 만든 요리를 싸 들고 집에 가서 가족과 레스토랑 부럽지 않게 한 상 차려 먹는 콘셉트이다.

개불알풀

모 임 득
포토 에세이
시간의 바깥

밀가루 반죽을 해 모양을 만들다 보니 다른 거에 비해 유독 작은 난이 눈에 들어왔다. 왠지 안쓰러운 달 2월 같다는 생각이 들었다. 다른 열한 달보다 늘 날짜가 부족한 달. 태어날 때부터 없는 집에서 태어난 것 같고, 어찌 보면 살날을 다 못 채우고 먼저 세상 뜬 사람 같아 아린 달이다.

일수도 적은데 설 연휴까지 있어 영업사원은 2월 실적을 채울 마음으로 조급하겠지만 부족해도 질끈 눈 감아 줄 것 같은 달. 1월에 거창하게 세운 계획과 목표치를 달성하느라 힘에 부친 심신은 숨 고르며 쉬어가는 달이다.

2월은 '벌써'라는 말이 잘 어울리는 달이다. 새해 덕담을 주고받은 지가 엊그제 같은데 문득 달력 한 장을 넘기며 '벌써 2월이야' 한마디씩 한다. 가장 짧은 달이지만 조급하지 않고 왠지 마음이 편안한 달. 12월 송년회로 분주하고, 새해맞이 하면서 각종 모임의 총회를 하느라 바쁘게 다니다 한숨 돌리고 가는 달.

2월은 가족의 달이다. 3월이 새 학년 새 학기 시작되는 달이라 아이들 준비물을 미리 준비하고, 방학을 맞이한 아이들과 밥상 앞에서 세끼 챙겨 먹으며 일상을 공유하는 달이다.

평소 잘 쓰지 않는 나무 도마에 새우버거를 일렬로 놓고, 비프도

개불알풀 열매

리아 위에 치즈를 가득 올린 다음 파슬리 가루를 뿌리고, 야자수 밀크로 만든 파스타를 흰 접시에 놓았다. 밥하고 먹던 카레를 난과 찍어 먹게 세팅했다. 아이들 눈이 휘둥그레지며 우리 집 식탁이 변신했다고 사진 찍기 바쁘다. 한 상 가득 차려진 밥상머리에서 맛나다고 벙실벙실 웃는 아이들이 활짝 핀 봄꽃 같다.

 2월에서 3월로 건너가는 징검다리에서 보랏빛 봄까치꽃이 봄을 알리고, 헐거워진 포슬포슬한 흙을 헤치고 돋아나는 새싹들의 아우성이 들려오는 해토머리다. 잠포록한 날씨, 산수유, 목련 몽우리가 더 도톰해졌다.

독특한 꽃 생김새

 메밀꽃 보러 가는 길에서 처음 특이하게 생긴 꽃을 보고 놀랐다. 마치 외계 식물 같은 느낌이 들어 '외계화' 그리고 꼴뚜기랑 비슷해서 '꼴뚜기나리'라고도 불린다.

 여름이 끝나갈 무렵, 가녀린 꽃대를 하늘거리며 가을빛을 낚는 기품 있는 자태로 길옆에 있다. 꽃덮이에 있는 분홍색의 얼룩이 뻐꾹새의 목에 있는 무늬와 닮았으며 나리꽃과 유사하게 생겼다는 이유로 '뻐꾹나리'라는 이름이 붙었다.

 낭성 같은 곳에 유채꽃 보러 가면서 길가에 뻐꾹나리 흔적을 찾

뻐꾹나리

모 임 득
포토 에세이
시간의 바깥

으려고 애썼는데 찾지 못하였다. 종자 번식을 위한 생존 전략으로 묵묵히 자기만의 빛깔을 드러내기 위해 한여름에는 줄기와 잎의 성장에 집중하여 모든 에너지를 쏟아붓는다. 그리고 가을이 오면 꽃을 피우며 존재감을 드러낸다.

뻐꾹새가 울면 피어 나고, 뻐꾹새가 날아오르면 꽃잎이 떨어진다는 뻐꾹나리꽃. 독특한 모양의 꽃을 피워 골짜기를 깨운다.

에필로그

 한 송이 꽃마다 가지고 있는 힘이 있다. 산길에서 꽃을 만나는 시간은 치유의 시간. 작은 우주를 품은 꽃은 때로는 인생의 스승이 되기도 한다. 꽃과 함께한 시간은 그 자체로 꽃이었다.
 수필가가 쓴 꽃 이야기다. 꽃 사진은 되도록 휴대전화로 직접 찍은 사진을 올리다 보니 아주 서툴다. 꽃에 대한 전문가도 아니고 사진을 잘 찍지도 못해서 어설플 수도 있지만 꽃에 대한 열정은 최고조이다.
 우리 땅에서 뿌리내리고 살아온 식물을 소중히 여기고 그들의 생태를 관찰하며 작아서 보이지도 않던 모습을 가슴에 담는 일. 야생화에 관심 두기 전에는 몰랐는데 희귀종이 누가 봐주지 않아도 저 혼자 피고 진다. 귀한 꽃을 캐 가는 사람도 있고 잡초 제거하는 칼날에 없어지기도 하여 아쉬움이 많다. 사라져가는 우리 꽃 야생화를 홍보하여 같이 보호하면 좋을 것 같아서 꽃에 대한 글과 사진으로 포토 에세이를 출간한다.

풀꽃 기행 회원들과의 만남은 행운이었다. 주말이면 들로 산으로 야생화 만나러 쏘다닐 때 무지한 내게 꽃이 되고 잎이 되고 열매가 되어주던 회원들. 무상으로 알려주는 그대들이 활짝 핀 꽃이었음을…. 야생화 다칠세라 노심초사하고 환경보호에 앞장서는 그대들을 존경한다. 그대들이 있어 책이 완성됨을 고맙게 생각한다.

누군가 꽃 사진과 내 글에 웃음을 지을 수 있다면, 야생화에 애정 어린 눈길을 준다면 그것으로 행복하다. 독자들 마음에 희망의 꽃을 피우면 좋겠다.

사진 쓰기를 허락해 준 『풀꽃 기행』 최윤희 님, 김영길 님, 『순에의 사진 이야기』 유남진 님, 『꽃담』의 양승임 님, 한완순 님, 김나경 님께 감사드린다.

참고 사이트와 책

국가표준식물목록 www.nature.go.kr/kpni/index.do
국립생물자원관 www.nibr.go.kr
나무위키 https://namu.wiki
두산백과사전 www.doopedia.co.kr
국립수목원 https://kna.forest.go.kr
다음 백과 100.daum.net
위키백과 www.wikipedia.org

이남숙, 『한국의 난과 식물도감』, 이화여자대학교 출판부, 2011.
박완서, 『호미』, 도서출판열림원, 2014.
송기엽·이유미, 『내 마음의 야생화 여행』, 진선출판사, 2011.
백승훈, 『꽃에게 말을 걸다』, 매직하우스, 2011.
김인철, 『야생화 화첩 기행』, 푸른행복, 2014.
이재능, 『꽃들이 나에게 들려준 이야기 1, 2』, 신구문화사, 2014.
황대권, 『야생초 편지』, 도서출판도솔, 2003.